Meditaciones para mortales

Oliver Burkeman

Meditaciones para mortales

28 días para encontrar el sentido de la vida

Traducción de Ana Camallonga

Obra editada en colaboración con Editorial Planeta – España

Título original: *Meditations for Mortals: Four Weeks to Embrace Your Limitations and Make Time for What Counts*

Bajo el sello editorial PLANETA M.R.
Avenida Presidente Masarik núm. 111,
Piso 2, Polanco V Sección, Miguel Hidalgo
C.P. 11560, Ciudad de México
www.planetadelibros.com.mx

Primera edición impresa en España: marzo de 2025
ISBN: 978-84-1100-343-8

Primera edición impresa en México: octubre de 2025
ISBN: 978-607-39-3423-7

Impreso en los talleres de Corporación en Servicios
Integrales de Asesoría Profesional, S.A. de C.V.,
Calle E # 6, Parque Industrial
Puebla 2000, C.P. 72225, Puebla, Pue.
Impreso y hecho en México / *Printed in Mexico*

Es más fácil intentar ser mejor de lo que eres que ser quien eres.

MARION WOODMAN

¿Hay vida antes de la muerte? ¡Esa es la cuestión!

ANTHONY DE MELLO

Índice

Introducción: La vida imperfecta 15

Semana I
SER MORTAL

Día 1
Es peor de lo que crees
Sobre lo liberador de la derrota 31

Día 2
Kayaks y superyates
Sobre ponerse a hacer cosas 37

Día 3
Solo tienes que atenerte a las consecuencias
Sobre pagar el precio 42

Día 4
Contra la deuda de productividad
Sobre el poder de una «lista de cosas hechas» 48

Día 5
Demasiada información
Sobre el arte de leer y no leer 54

Día 6
No puedes preocuparte por todo
Sobre conservar la cordura cuando el mundo se desmorona 60

Día 7
Deja el futuro en el futuro
Sobre cruzar puentes al llegar a ellos 66

Semana II
PASAR A LA ACCIÓN

Día 8
A la caza de decisiones
Sobre elegir un camino a través del bosque 73

Día 9
Acabar las cosas
Sobre la magia de terminar algo 79

Día 10
Busca la tarea vital
Sobre lo que la realidad quiere 84

Día 11
Tú ve al cobertizo
Sobre llevarte bien con tus miedos 89

Día 12
Reglas al servicio de la vida
Sobre hacer algo más o menos a diario 94

Día 13
Tres horas
Sobre cómo centrarse en medio del caos 99

Día 14
Encontrarle la gracia a los problemas
Sobre nunca lograr estar libre de preocupaciones 104

SEMANA III
SOLTAR

Día 15
¿Y si esto fuera fácil?
Sobre el falso atractivo del esfuerzo 111

Día 16
La regla de oro inversa
Sobre no ser tu propio peor enemigo 117

Día 17
No le pongas trabas a la generosidad
Sobre la futilidad de «ser mejor persona» 123

Día 18
Deja que los demás tengan sus problemas
Sobre ocuparte de tus asuntos 127

Día 19
Un buen rato o una buena historia
Sobre las ventajas de lo impredecible 132

Día 20
Fíjate un objetivo cuantitativo
Sobre despedir al responsable de control de calidad que llevas dentro 138

Día 21
Porque, ¿qué es una interrupción?
Sobre la importancia de la distracción 143

Semana IV
ESTAR PRESENTE

Día 22
Deja de ser tan atento con tu yo del futuro
Sobre entrar de lleno en el espacio y el tiempo 153

Día 23
Cómo partir de la cordura
Sobre pagarse a uno mismo primero 159

Día 24
Hospitalidad descuidada
Sobre establecer vínculos por medio de los defectos 165

Día 25
No se puede hacer acopio de la vida
Sobre dejar que los momentos ocurran 171

Día 26
Inconcebible
Sobre el consuelo de la duda 176

Día 27
C'est fait par du monde
Sobre intentarlo 182

Día 28
Lo que importa
Sobre encontrar tu camino 187

Epílogo
Imperfectamente hacia delante 193

Agradecimientos 197
Para saber más 199
Fuentes 205
Índice de aflicciones 209

Introducción

La vida imperfecta

Este es un libro sobre cómo el mundo se abre ante ti cuando te das cuenta de que nunca vas a poner en orden tu vida. Sobre lo maravillosamente productivo que pasas a ser cuando renuncias a la guerra sin cuartel para ser cada vez más productivo, y sobre lo mucho más fácil que resulta hacer cosas valientes e importantes una vez que aceptas que solo tendrás tiempo para hacer algunas de ellas (y que, en realidad, no es para nada necesario que hagas ninguna). Trata de lo absorbente e incluso mágica que pasa a ser la vida en el momento en que aceptas que es fugaz e impredecible; de hasta qué punto dejar de ocultar tus defectos y fracasos hace que te sientas mucho menos solo; y de lo liberador que puede ser asimilar que las mayores dificultades de tu vida quizá nunca se resuelvan del todo.

En resumidas cuentas: trata de los cambios que se producen en cuanto comprendes que la vida humana, con sus limitaciones —en una época de tareas y oportunidades infinitas, frente a un futuro inescrutable, junto a otros seres humanos que se empeñan en tener cada uno su propia personalidad—, no es un problema que debas intentar resolver. Los veintiocho capítulos de este libro están pensados como un manual para un modo distinto de pasar a la acción en el mundo, lo que yo llamo «imperfeccionismo», un enfoque liberador y motivador que parte del convencimiento de que, en el camino hacia una vida con sentido, tus límites no son obstáculos que debas pasar el día intentando superar para llegar a un punto imaginario en el que finalmente consigas sentirte realizado. Al contrario: aceptarlos, apropiarse de esos límites del todo, es precisamente la manera de construir una vida más razonable, libre, plena, socialmente conectada y con encanto. Sobre todo en esta época de la historia tan volátil y tan propicia a la ansiedad.

Si decides leer este libro al ritmo sugerido de más o menos un capítulo por día, espero que funcione a la manera de un «retiro mental» de cuatro semanas en medio de tu vida cotidiana. Como una forma de vivir esta filosofía aquí y ahora, y de hacer más de lo que te importa como resultado, en lugar de archivarlo mentalmente como un sistema más que quizá trates de poner en práctica algún día, en caso de que te surja un rato libre. Después de todo, como veremos, uno de los grandes dogmas del imperfeccionismo es que nunca va a llegar el día en que no haya nada «por medio» y puedas ponerte al fin a forjarte una vida llena de sentido y de logros, que bulla de vitalidad. Para los mortales, el momento de hacer eso tiene que ser ahora.

Así que espero de todo corazón que este libro te resulte útil. Para ser del todo sincero contigo, lo escribí para mí mismo.

A mis veintimuchos me contrataron como articulista en el periódico londinense *The Guardian*, donde mi trabajo, al llegar a la oficina por la mañana, consistía en que me asignaran un tema de actualidad —el destino de los refugiados que huían de una crisis geopolítica que estuviera desarrollándose, por ejemplo, o por qué los batidos verdes eran de repente tan populares— y luego entregar un artículo de 2 000 palabras que abordara los puntos principales del tema y que pareciera inteligente a las cinco de la tarde de ese mismo día. Una hora o dos antes de la hora límite, mi jefe empezaba a pasearse junto a mi mesa, chasqueando los dedos para expulsar energía nerviosa y a preguntarse en voz alta por qué me faltaba tanto para terminar. La respuesta (como sin duda le hice saber en más de una ocasión) es que escribir un artículo de 2 000 palabras que parezca inteligente sobre un tema del que con anterioridad no sabías nada en siete horas clavadas es un empeño absurdo. Había que hacerlo, en cualquier caso, y mis días en *The Guardian* los recuerdo impregnados de la sensación de partir siempre con desventaja, de luchar contra el tiempo y de tener que ponerme las pilas de inmediato si quería tener alguna posibilidad de acortar distancias.

Tampoco puedo culpar a mi jefe de nada de todo eso. A aquellas alturas de mi vida, yo ya conocía de primera mano la sensación de no llegar a nada; de hecho, hay pocas cosas que considere más fundamentales de mi experiencia de la edad adulta que la vaga sensación de estar quedándome atrás y tener que luchar con uñas y dientes para alcanzar un mínimo nivel de productividad, si es que quería evitar la catástrofe imprecisa que, de no hacerlo, podría desplomarse sobre mi cabeza. En ocasiones, parecía que lo único que necesitaba era un poco más de disciplina; otras veces, estaba seguro de que la respuesta estaba en el nuevo sistema de gestión de mis tareas y objetivos que me pondría a investigar en cuanto me sacara de en medio el artículo sobre los batidos. Devoré libros de autoayuda, probé la meditación y exploré el estoicismo, y vi como mi ansiedad iba en aumento a medida que cada nueva técnica demostraba no ser el remedio milagroso que buscaba. En el horizonte, entretanto, planeaba siempre la fantasía de, en algún momento, tenerlo «todo al día» —y ese «todo» podía querer decir cualquier cosa, desde vaciar mi bandeja de entrada hasta averiguar cómo funcionaban las relaciones románticas—, para que la parte verdaderamente importante de mi vida, la parte real de verdad, pudiera por fin empezar.

A diferencia de entonces, ahora sé que no soy el único que se siente así. De hecho, difícilmente podría estar menos solo. Desde 2021, el año en que publiqué mi libro sobre lo difícil que es usar bien tu tiempo, centenares de conversaciones y de intercambios de *e-mails* me han convencido de que esa sensación de no tener dominada la vida —y de necesitar redoblar tus esfuerzos solo para evitar quedarte aún más rezagado— es casi universal hoy en día. A los más jóvenes de mis interlocutores parecía intimidarles el reto de poner su vida en orden, mientras que muchos de los más veteranos se mostraban consternados al ver que con cuarenta o cincuenta años aparentemente aún no lo habían conseguido, y empezaban a preguntarse si alguna vez lo lograrían. Sin duda, quedaba claro que alcanzar un determinado estatus económico o social no hacía desaparecer el problema; lo cual tiene sentido, puesto que, en el mundo actual, el éxito externo a menudo es resultado de estar aún más inmerso que los demás en el desesperado juego de llegar a todo. En palabras del inversor Andrew Wilkinson: «La mayoría de las personas triunfadoras son un trastorno de ansiedad con patas encauzado hacia la productividad».

La manifestación más habitual del tipo de ansiedad que intento describir aquí es una auténtica y agobiante hiperactividad, por la sensación de tener mucho más que hacer que tiempo disponible para hacerlo. Pero se manifiesta también de otras maneras. Para algunos, por medio del síndrome del impostor, que es estar convencido de que existe un nivel básico de conocimientos que todo el mundo ha adquirido, pero que tú no, y de que no podrás dejar de dudar de ti mismo hasta que lo alcances. Surge también, para muchos de nosotros, en la sensación de no haber descifrado aún el código secreto de las relaciones de pareja, de manera que, pese a todos nuestros logros externos, a diario nos sentimos frustrados por las desconcertantes complejidades de las relaciones amorosas, el matrimonio o la crianza. Para otros, la sensación de quedarse atrás consiste sobre todo en creer que deberían poner más de su parte para solucionar las crisis nacionales y mundiales que se desarrollan a su alrededor, pero no tener ni idea de qué podrían hacer, como individuos, para cambiar nada. Aunque el hilo conductor de todas estas situaciones es la idea de que hay una forma de estar en el mundo, una forma de dominar la situación de ser una persona en el siglo XXI, que tú aún no has descubierto. Y de que no serás capaz de sentirte en paz con tu vida hasta que lo hagas.

Aun así, lo peor de todo es que nuestros esfuerzos por resolver el problema parecen no hacer más que exacerbarlo. En mi anterior libro, *Cuatro mil semanas*, llamé a una versión de ese fenómeno «la trampa de la eficiencia». Lo hacía para describir el modo en que, cuando mejoras y te vuelves más rápido a la hora de enfrentarte al flujo entrante de cualquier tarea, a menudo acabas más ocupado y estresado que antes. Un ejemplo clásico es el *e-mail*: te prometes hacer frente a la avalancha de correos y empiezas a responder con más premura, lo que provoca nuevas respuestas, muchas de las cuales exigen una réplica; adquieres, además, fama de responder muy rápido por *e-mail*, de modo que muchas personas empiezan a pensar que tiene sentido escribirte a ti primero. Además, mientras te esfuerzas por llegar a todo, tus días empiezan a llenarse de tareas menos importantes, porque el hecho de que creas que tiene que haber una forma de no dejar escapar nada significa que te abstienes de tomar decisiones difíciles sobre lo que de verdad merece tu limitado tiempo.

Pero aquellas conversaciones me ayudaron también a reconocer un problema más profundo, que es el modo en que nuestros esfuerzos incesantes por tomar el sartén de la vida por el mango parecen privarla de la propia sensación de vitalidad que hace que valga la pena vivirla. Los días pierden lo que, de forma evocadora, el sociólogo alemán Hartmut Rosa llama su «resonancia». El mundo nos parece estar muerto, y pese a nuestros esfuerzos por ser más productivos, nos vemos cada vez menos capaces de conseguir los resultados que buscábamos. Ocurre incluso cuando nuestros intentos de tenerlo todo bajo control dan resultado. Conseguimos obligarnos a meditar a diario y de repente nos parece aburridísimo hacerlo; o nos las arreglamos para organizar una salida nocturna de pareja —porque todo el mundo dice que así es como se mantiene la chispa—, pero la situación nos cohíbe tanto que es inevitable que degenere en una pelea, y acabamos la velada con una sensación de fracaso. En mi época de «adicto a la productividad», me pasaba el día probando nuevos sistemas para diseñar mi vida y, mientras descargaba la aplicación en cuestión o compraba el material de papelería necesario, me sentía entusiasmado, incluso embriagado: ¡me esperaban grandes cosas! Luego, al cabo de un día o dos, mi nuevo horario me resultaba triste y deprimente, una lista más de tareas en las que partirse el alma, y me descubría resentido con el imbécil que tenía la temeridad de decidir que era así como debía repartir mi tiempo, pese a que el imbécil en cuestión era yo.

Se trata sin duda de ejemplos menores. Pero esa pérdida de vitalidad también ayuda a explicar la epidemia del *burnout*, el síndrome del trabajador quemado, que no es solo una cuestión de agotamiento, sino también del vacío que se deriva de dedicar años a obligarse, como una máquina, a hacer cada vez más y más, y que nunca parezca suficiente. El carácter cada vez más airado y conspirativo de la vida política moderna podría incluso verse como un intento desesperado, por parte de personas privadas de resonancia, de intentar sentir algo, lo que sea.

El problema fundamental, según Rosa, es que el motor de la vida moderna es la idea, tremendamente equivocada, de que la realidad puede y debe hacerse cada vez más controlable, y de que someterla a un control cada vez mayor conlleva paz mental y prosperidad. Y, así, experimentamos el mundo como una serie interminable de cosas que debemos dominar, aprender o conquistar. Nos ponemos como objetivo hacer picadillo nuestra bandeja de entrada, derrotar nuestras pilas de libros por leer o imponer el orden en nuestros horarios; intentamos optimizar nuestros niveles de forma física o de concentración, y nos sentimos obligados a estar siempre mejorando nuestras habilidades de crianza, nuestra competencia en finanzas personales o nuestra comprensión de la actualidad del mundo. (Incluso si nos felicitamos por, digamos, priorizar la amistad al dinero, puede que aun así abordemos esa cuestión con un espíritu de optimización, esforzándonos por hacer nuevos amigos o por mejorar a la hora de mantener el contacto con ellos; es decir, por intentar ejercer más control sobre nuestra vida social). La sociedad refuerza esa doctrina del control de múltiples maneras. Los avances tecnológicos parecen estar siempre a punto de permitirnos domar por fin nuestra carga de trabajo —en el momento de escribir estas líneas, los asistentes virtuales de inteligencia artificial son los que todo el mundo dice que van a conseguirlo—, al mismo tiempo que la economía hipercompetitiva hace que parezca más importante que nunca logarlo, si es que queremos mantenernos a flote.

Pero la experiencia cotidiana, junto con siglos de reflexión filosófica, dan fe de que una vida plena y satisfactoria no consiste en ejercer un control cada vez mayor. No consiste en hacer que las cosas sean predecibles y seguras hasta que por fin puedas relajarte. Un partido de futbol es emocionante porque no sabes quién lo ganará; un ámbito de estudio intelectual es absorbente porque aún no lo dominas todo. Los más grandes logros a menudo implican estar abiertos a la casualidad, aprovechar las oportunidades imprevistas o exprimir los estallidos inesperados de motivación. Sentirse encantado con una persona o conmovido por un paisaje o una obra de arte requiere no tenerlo todo bajo control. Al mismo tiempo, una buena vida está claro que no se trata de renunciar a toda esperanza de influir en la realidad. Sino de tomar medidas arriesgadas, crear algo y dejar huella, sin la intención oculta de lograr un control absoluto. La resonancia depende de la reciprocidad: tú haces algo —lanzas un negocio, organizas una campaña, emprendes una ruta de senderismo, envías un *e-mail* sobre un acto social— y luego observas cómo responde el mundo.

No es de extrañar que tantos de nosotros dediquemos gran parte de nuestra vida a intentar situarnos en una posición de dominio sobre una realidad que, por otro lado, parece inmanejable y agobiante. ¿De qué otro modo se supone que vas a ser capaz de abordar todo lo que tienes pendiente, a perseguir algunas de tus preciadas ambiciones, a intentar ser un buen padre o madre, mujer o marido, y a poner tu granito de arena como habitante de un mundo en crisis? El problema es que no funciona. La vida tiende a volverse cada vez más aburrida, solitaria y a menudo exasperante, un importe que hay que pagar para alcanzar una época supuestamente mejor que no parece llegar nunca.

Meditaciones para mortales es mi intento de empezar por donde fracasa la escuela de pensamiento del «pon orden en tu vida» y «tenlo todo al día», y a partir de ahí tomar una dirección con más sentido y más productiva y, sobre todo, también más divertida. (Los capítulos beben en gran medida de mi boletín *The Imperfectionist*, y de las muchas y generosas respuestas de sus lectores). En lugar de alimentar la fantasía de llegar a tenerlo todo bajo control algún día, este libro da por sentado que nunca lo conseguirás. Parte del supuesto de que nunca tendrás ninguna seguridad sobre el futuro ni entenderás del todo por qué la gente actúa como lo hace, y de que siempre habrá demasiadas cosas por hacer.

Pero no porque tú seas un fracasado incapaz de mantener una disciplina, o porque no hayas leído el *bestseller* adecuado que revela «la sorprendente ciencia» de la productividad, el liderazgo, la crianza o cualquier otra cuestión. Es porque ser mortal significa no llegar a tener nunca el tipo de control o de seguridad del que muchos de nosotros sentimos que depende nuestra cordura. Significa que la lista de cosas que de entrada vale la pena hacer con tu tiempo siempre será muchísimo más larga que la lista de cosas para las que tendrás tiempo. Significa que siempre serás vulnerable a los desastres imprevistos o las emociones desasosegantes, y que nunca tendrás más que una influencia parcial sobre cómo transcurre tu tiempo, digan lo que digan esos youtubers de veintitantos años, sin hijos, sobre lo que constituye la rutina matutina ideal.

El imperfeccionismo es la perspectiva que entiende que eso son buenas noticias. No es que afrontar la finitud no sea doloroso. (Por eso el afán de control es tan seductor). Hacer frente a tus innegociables limitaciones significa aceptar que la vida entraña decisiones difíciles y sacrificios, que el remordimiento es siempre una posibilidad, igual que decepcionar a los demás, y que nada de lo que vayas a crear en el mundo estará a la altura de los estándares de perfección que tienes en la cabeza. Pero esas verdades son también las que te permiten actuar y experimentar la resonancia. Cuando abandonas el vano intento de llegar a todo es cuando puedes empezar a dedicar tu limitado tiempo y limitada tu atención a unas pocas cosas, las que de verdad importan. Cuando ya no le exiges perfección a tu trabajo creativo, a tus relaciones o a cualquier otro asunto es cuando eres libre para sumergirte en ello al máximo. Y cuando dejas de hacer que tu cordura o tu autoestima dependan de alcanzar primero un estado de control que no está al alcance de los seres humanos es cuando eres capaz de empezar a sentirte cuerdo y a disfrutar de la vida ahora, que es el único momento que existe.

Este libro trata de abordar también un problema que lleva años reconcomiéndome: el de los libros que pretenden ayudar a la gente a llevar una vida con más sentido o más productiva. Los peores de esos textos no son más que una lista de pasos que seguir, lo que casi nunca funciona, porque ignoran el viaje interior que tuvo que recorrer el autor para llegar a ellos. (Si él tuvo que luchar, por ejemplo, contra las raíces emocionales de su resistencia a organizarse, ¿por qué deberías esperar tú resultados solo por seguir una lista de consejos de organización?). Otro tipo de libros, algo mejores, hablan de un cambio de perspectiva, de una mentalidad nueva de la que pueden derivarse distintas acciones. Pero los cambios de perspectiva se olvidan con una rapidez deprimente: durante unos pocos días, todo parece distinto; pero, luego, el ímpetu aplastante de la forma habitual de hacer las cosas vuelve a imponerse.

Así que mi objetivo con este libro es que lo que sea que te resulte útil de estas páginas se te meta bajo la piel y te llegue a los huesos, y, por lo tanto, perdure. Obviamente, la forma en que lo leas está entre los muchísimos aspectos de la realidad que no puedo esperar controlar, y desde luego su lectura puede enfocarse como la de cualquier otro. Pero te invito a que leas un capítulo al día, en orden, a lo largo de cuatro semanas que fueron diseñadas para seguir un orden progresivo: la primera semana trata de enfrentarse a la realidad de la finitud; la segunda, de tomar medidas valientes e imperfectas; la tercera, de no ser un obstáculo para ti mismo y permitir que las cosas sucedan; y la cuarta, de vivir el presente con plenitud, y no dejar la vida para más adelante.

Al describir este libro como un «retiro mental» lo que pretendo es que lo abordes como un retorno más o menos diario a un santuario metafórico, en un rincón tranquilo de tu cerebro, en el que puedas dejar que cobren vida nuevas ideas, sin necesidad de darle al botón de pausa al resto de tu vida, sino que esté ahí, de fondo, mientras tu día sigue su curso. Los capítulos incluyen tanto cambios de perspectiva como técnicas prácticas, y lo que espero es que, de vez en cuando, alguna de ellas transforme, de forma pequeña pero concreta, tu forma de vivir las veinticuatro horas siguientes a la lectura. En mi experiencia, eso es lo que hace que el cambio sea duradero: tener un verdadero retorno de lo aprendido a partir de hacer las cosas de otra manera en la vida real.

Por supuesto, si *Meditaciones para mortales* funciona en esos términos solo puedo esperar que lo haga de forma imperfecta. En ese sentido, recomiendo no hacer esfuerzos excesivos por retener lo leído, o por ponerlo en práctica; confía, en su lugar, en que, si algo te cala hondo, te acompañará a lo largo del día de por sí. Este no es uno de esos libros que te prometen que, si sigues a rajatabla lo que propone, el resultado será el sistema ideal para gestionar tu vida. La finitud humana garantiza que eso no ocurra nunca. Que es justo la razón para zambullirse de lleno en esta vida, ahora mismo.

Semana I

SER MORTAL

Si te pierdes en el bosque, a la mierda todo, hazte una casa. «Bueno, me había perdido, ¡pero ahora vivo aquí! ¡He mejorado muchísimo mi situación!».

MITCH HEDBERG

Día 1

Es peor de lo que crees

Sobre lo liberador de la derrota

> Lo que es verdad ya lo es. El admitirlo no lo hace peor. No ser franco acerca de ello no lo hace desaparecer. Y, porque es cierto, es con lo que hay que interactuar. Todo lo que es falso no está ahí para ser vivido. Las personas pueden tolerar lo que es verdad porque ya lo están tolerando.
>
> Eugene Gendlin

El paso más liberador, empoderador y productivo que puedes dar, si quieres dedicar una mayor cantidad de tu tiempo en este planeta a hacer lo que es importante para ti, es entender hasta qué punto la vida de un mortal —con un tiempo limitado, y un control limitado sobre ese tiempo— es en realidad mucho peor de lo que crees. De hecho, está mucho más allá de toda esperanza. ¿Sabes esa nube de melancolía que desciende en ocasiones sobre ti —tal vez despierto en la oscuridad a las tres de la madrugada o hacia al final de un jueves agotador en el trabajo— cuando parece como si la vida que habías imaginado tener quizá no fuera a hacerse nunca realidad? La magia se produce cuando te das cuenta de que seguro jamás se hará realidad.

Es verdad que se me ha acusado de ser un aguafiestas. Así que seguramente debería tratar de explicar por qué algo así no tiene nada de deprimente.

Plantéate, para empezar, el familiar dilema actual de sentirse sobrepasado por una larguísima lista de tareas pendientes. Crees que el problema es que tienes demasiadas cosas que hacer y poco tiempo para hacerlas, así que tu única esperanza es gestionar tu tiempo de forma tremendamente eficaz, hacer acopio de extraordinarias reservas de energía, dejar de lado cualquier distracción y seguir adelante con determinación hasta el final. En realidad, tu situación es peor de lo que imaginas, porque la cantidad de cosas que parece que deben hacerse no es que sea grande; es que, a todos los efectos y propósitos, es infinita. Así que hacerlas todas no solo es muy difícil, sino que es imposible.

Pero aquí es donde las cosas se ponen interesantes, porque se produce un cambio psicológico importante cuando te das cuenta de que un problema que has estado abordando como si fuera muy difícil es, de hecho, imposible. Algo dentro de ti se destensa. Es el equivalente a ese momento en el que, atrapado en medio de una tormenta sin paraguas, abandonas cualquier esfuerzo inútil por no mojarte y aceptas que vas a empaparte hasta los huesos. «Bueno, pues esto es lo que hay». En cuanto ves que es inevitable llegar a hacer solo una parte de las cosas que en un mundo ideal querrías hacer, disminuye la ansiedad y emerge una nueva determinación: la de dedicarte a lo que de verdad puedes hacer. No es que la vida de repente pase a ser fácil: según cuál sea tu situación, dejar de lado ciertas tareas podría tener consecuencias graves. Pero si hacer todo lo que se te exige, o lo que te exiges a ti mismo, es de verdad imposible, entonces, en fin, es imposible, y afrontar la verdad no puede más que ayudar. Luego —ya cara a cara con la realidad— puedes pasar a la acción, no con la tensa esperanza de que tus actos quizá te conduzcan hacia una utopía futura de productividad perfecta, sino simplemente porque vale la pena llevarlos a cabo.

La hiperactividad podría no ser un problema importante para ti, claro. Tu problema podría ser el perfeccionismo, que sufras por llevar a cabo un trabajo que esté a la altura de sus exigentes estándares. Pero esa situación también es peor de lo que crees, porque la verdad es que ningún trabajo que lleves a cabo estará nunca a la altura de los estándares de perfección que tienes en mente. ¿Síndrome del impostor? Quizá creas que necesitas más experiencia o estar mejor calificado para sentirte más seguro de ti mismo entre tus compañeros de trabajo; pero lo cierto es que incluso las personas más experimentadas y calificadas tienen la sensación de estar improvisando sobre la marcha, y que, si alguna vez te ves en situación de aportar algo importante al mundo, probablemente debas hacerlo sintiéndote poco preparado. ¿Problemas de pareja? También son peores de lo que crees. Tal vez sea cierto que te casaste con la persona equivocada, o que necesitas años de terapia, pero es igualmente un hecho que dos seres humanos con limitaciones y defectos, que viven y crecen juntos, inevitablemente acabarán importunándose y activando el uno en el otro traumas ocultos. (Quienes aseguran que nunca han experimentado nada parecido son quienes deberían preocuparte).

Houn Jiyu-Kennett, la ya fallecida maestra zen británica, nacida como Peggy Kennett, tenía una forma muy gráfica de describir la sensación de liberación interior que nace de comprender lo insuperable de nuestras limitaciones humanas. Le gustaba decir que su estilo a la hora de enseñar no consistía en aliviar la carga del alumno, sino en hacerla tan pesada que tuviera que depositarla en el suelo. En términos metafóricos, aliviar la carga de alguien significa animarlo a creer que, con un poco de esfuerzo, podrá superar todas sus dificultades: que encontrará una forma de sentir que está haciendo lo suficiente, o que es lo bastante competente, o que las relaciones son pan comido, y así con todo el resto. Según Kennett, a menudo puede ser mejor y más efectivo hacer la carga del alumno más pesada, para ayudarlo a entender lo irremediable de su situación, dándole, por lo tanto, permiso para dejar de esforzarse.

¿Y luego? Luego puedes descansar. Pero también puedes conseguir más, y disfrutar más el proceso, porque has dejado de negar la realidad de tu situación, ya sea de forma consciente o inconsciente. Es entonces cuando entras en el estado sagrado que el escritor Sasha Chapin denomina «jugar entre la chatarra».

Cuando tenía veintitantos años, la definición de Chapin de lo que era triunfar en la vida era llegar a ser un novelista de éxito, a la altura de David Foster Wallace. Que eso no ocurriera —que sus fantasías de perfeccionismo se toparan con los límites del mundo real— le resultó inesperadamente liberador. El fracaso que se había dicho a sí mismo que no podía permitirse que ocurriera ya había ocurrido, y no había acabado con él. De repente era libre de ser el escritor que de verdad podía ser. Cuando ese cara a cara con las limitaciones se produce, sostiene Chapin: «puede emerger un precioso estado del ser [...]. No ves el paisaje a tu alrededor como algo que deba transformarse. Lo ves como el desguace que es. Y luego eres capaz de mirar en torno a ti y decir "Bueno, ¿qué es lo que hay aquí en realidad cuando no me estoy contando una mentira tras otra sobre lo que llegaré a ser algún día?"». Todo ello acompañado de la conciencia estimulante de que lo mejor que puedes hacer es seguir con tu vida, de que precisamente porque tu trabajo nunca será perfecto debes seguir haciendo el mejor trabajo que puedas, y de que precisamente porque las relaciones de pareja son demasiado complicadas como para esperar que se desarrollen sin obstáculos por qué no comprometerte con una y ver lo que pasa. No hay garantías, solo la garantía de que lo contrario, abstenerse de vivir, no conduce más que al sufrimiento.

Porque resulta que nuestro problema no ha sido nunca que no hayamos encontrado aún la manera adecuada de lograr un control sobre la vida, o una seguridad frente a la vida. Nuestro problema real ha sido imaginar que, para empezar, algo así pudiera ser posible para los mortales, que, al fin y al cabo, se encuentran inevitablemente en la vida, con todas las limitaciones y sensaciones de claustrofobia y falta de vías de escape que conlleva. (En palabras de Mel Weitsman, otro maestro zen: «Sufrimos porque creemos que hay una salida»). Cuando eres consciente de en qué sentido tu situación es peor de lo que pensabas, ya no tienes que ir por la vida en posición de apoyo, esperando que, contra todo pronóstico, alguien encuentre una manera de evitar que el avión se estrelle. Porque sabes que el avión ya se estrelló (Para ti, lo hizo el día que naciste). Ya estás varado en una isla desierta, sin más comida que la que queda en el avión para subsistir, y sin más alternativa que sacarle todo el partido posible a la vida junto a los demás sobrevivientes.

Así que aquí estás. Aquí estamos todos. Y ahora... ¿Qué podrías hacer con tu tiempo que valiera la pena?

Día 2

Kayaks y superyates

Sobre ponerse a hacer cosas

Lo que parece un paso en falso no es más que el paso siguiente.

AGNES MARTIN

A estas alturas de un libro sobre llegar a hacer lo que cuenta quizá estés esperando algún tipo de sistema.

A mí al menos me pasaba. Cuando empezaba a leer una obra que hacía algún tipo de promesa sobre cómo triunfar en la vida o cómo hacer que tuviera más sentido, yo hojeaba las páginas preliminares y pasaba enseguida a la parte en la que el autor planteaba su sistema paso a paso para lograrlo. Pocas cosas hay más fascinantes, cuando esperas cambiar tu vida, que un nuevo sistema para lograrlo. Pero esa fascinación puede llevarte por el mal camino. Casi nadie quiere oír la verdadera respuesta a la pregunta de cómo dedicar una mayor parte de tu limitado tiempo a hacer las cosas que son importantes para ti. No tiene nada que ver con ningún sistema. La respuesta es: haciéndolas. Eliges algo que te interesa de verdad y luego, durante unos cuantos minutos al menos

—digamos que un cuarto de hora—, te dedicas a hacerlo. Hoy. Es así de sencillo. Por desgracia, para muchos de nosotros también resulta ser una de las cosas más difíciles del mundo.

No es que los sistemas para conseguir hacer más cosas tengan nada malo, en realidad. (Las reglas para una productividad con sentido tienen un papel que desempeñar, y hablaremos de algunas de ellas más adelante). Es solo que no son lo importante. Lo importante —aunque a mí me llevó años darme cuenta de ello— es desarrollar la voluntad de hacer algo, aquí y ahora, por sí mismo, independientemente de si es parte de algún sistema, hábito o rutina. Si no priorizas la capacidad de hacer algo, te arriesgas a caer en una trampa sumamente engañosa: la de acabar embarcándote en el proyecto innecesario —y, lo que es peor, contraproducente— de convertirte en el tipo de persona que hace esa cosa.

El problema al que me refiero surge de la siguiente manera: aspiras a tener la paz y la claridad que crees que podría proporcionarte la meditación, por ejemplo, así que decides que vas a meditar cada día. Compras un libro sobre cambiar tus hábitos, le echas un vistazo y luego empiezas a investigar cuál es la mejor manera de que la meditación se convierta en un hábito. Pides un cojín de meditación. Puede que incluso llegues a sentarte a meditar. Pero luego algo sale mal. Tal vez la magnitud del proyecto de «convertirte en un meditador» —es decir, de meditar día tras día durante el resto de tu vida— te supere de repente, así que decides dejar aquello para más adelante, para un futuro en el que esperas tener más energía y más tiempo. Otra posibilidad es que la novedad de la meditación te entusiasme de verdad. Al menos hasta una semana o dos después, cuando se imponga la monotonía, y la decepción resulte tan intolerable que tires la toalla.

Lo que podrías haber hecho en lugar de todo eso es olvidarte del proyecto de «convertirte en meditador» y centrarte solo en sentarte a meditar. Una vez. Durante cinco minutos.

Vale la pena mencionar otra versión de este problema, que es la que surge cuando alguien trata de convertirse en una persona que no es a modo de estrategia inconsciente para evitar la actividad en cuestión. Imaginemos que quieres poner en marcha un negocio, pero la perspectiva te resulta intimidante. ¿Qué mejor forma de no llegar a hacerlo nunca que convertirlo en un proyecto a largo plazo? De ese modo, puedes dedicar meses a la investigación de mercado y a darle vueltas a todo tipo de ideas y posibilidades, y a emular la rutina diaria de uno de tus emprendedores de referencia, que incluye levantarse a las cinco de la mañana y establecer un «protocolo de hidratación»... y nunca tendrás que hacer lo que te da tanto miedo.

Una imagen que ayuda a explicar este tipo de situaciones es la del kayak y el superyate. Ser humano, según esta analogía, es ocupar un pequeño kayak de una plaza que te lleva por el río del tiempo hacia tu inevitable, aunque impredecible, muerte. Es una situación emocionante, pero también muy vulnerable: estás a merced de la corriente y en realidad lo único que puedes hacer es mantenerte alerta, manejar el kayak lo mejor que puedas y reaccionar con toda la inteligencia y la elegancia posibles a lo que surja en cada momento. El filósofo alemán Martin Heidegger describía esta realidad con la palabra *Geworfenheit*, o «el ser arrojado», un término adecuadamente complejo para una situación compleja: solo el hecho de llegar a existir es verse arrojado a un tiempo y un espacio que no escogiste, con una personalidad que no elegiste, y con tu tiempo escurriéndose por debajo de ti, minuto a minuto, te guste o no.

Así es la vida. Pero no es así como queremos que sea. Preferiríamos tener una mayor sensación de control. En lugar de remar en un kayak, nos gustaría sentirnos capitanes de un superyate, relajado y al mando de todo, y programar nuestra ruta deseada en el piloto automático para luego recostarnos y verlo todo desde el sillón giratorio de cuero de primera calidad del tranquilo y silencioso puente de navegación. Los sistemas y los programas de superación personal y los «proyectos a largo plazo» alimentan esa fantasía, la de soñar con que estás en el superyate, dominándolo todo e imaginando lo maravilloso que será llegar a tu destino. Mientras que hacer una sola cosa valiosa hoy —sentarte a meditar, escribir unos cuantos párrafos de tu novela, conceder toda tu atención a una conversación con tu hijo— requiere renunciar a la sensación de control. Supone no saber de antemano si lo harás bien (solo puedes estar seguro de que lo harás de forma imperfecta) ni si acabarás convirtiéndote en el tipo de persona que hace ese tipo de cosas todo el rato. De modo que es un acto de fe. Significa afrontar la realidad de que estás siempre en el kayak, nunca en el superyate.

El reto, por lo tanto, es sencillo, aunque para muchos de nosotros también insoportable: ¿qué puedes hacer hoy —o mañana como muy tarde, si lees esto por la noche— que constituya un uso aceptablemente bueno de un pedazo de tu tiempo limitado, y que de verdad estés dispuesto a hacer? (No te distraigas preguntándote qué sería lo mejor que podrías hacer: esa es mentalidad de superyate, nacida del deseo de estar seguro de que vas por el buen camino). Porque lo irónico, claro, es que hacer una sola cosa hoy, guiar tu kayak sobre el próximo tramo de agua, es la única manera que tienes de convertirte en el tipo de persona que hace esa clase de cosa regularmente. De otro modo —y, créeme, yo lo he vivido—, no eres más que el tipo de persona que se pasa la vida haciendo planes para convertirse algún día en un tipo diferente de persona. Eso, en ocasiones, te granjeará la admiración de los demás, porque desde fuera puede parecer que no dejas de actualizarte. Pero no es lo mismo en absoluto.

Así que haz esa cosa una vez, sin la menor garantía de que algún día puedas hacerla de nuevo. Quizá luego descubras que lo haces otra vez, al día siguiente o unos cuantos días después, y puede que otra vez y otra vez... Hasta que, sin darte cuenta, hayas desarrollado algo extraordinario: no un sistema o una rutina basados en la fuerza de voluntad, sino el principio de una práctica de escribir, meditar, escuchar a tus hijos o poner en marcha un negocio. Algo que haces no solo para convertirte en un tipo de persona mejor —aunque pueda tener también ese efecto—, sino porque sea lo que sea lo que estés haciendo realidad, aquí, en los rápidos, vale la pena hacerlo realidad por sí mismo.

Día 3

Solo tienes que atenerte a las consecuencias

Sobre pagar el precio

> Eres libre de hacer lo que quieras. Solo tienes que atenerte a las consecuencias.
>
> Sheldon B. Kopp

Un amigo mío intentaba decidir si separarse o no. Sin que fuera culpa de nadie, estaba claro que el matrimonio no iba por buen camino, pero él se sentía paralizado por dos opciones igual de terribles. Separarse supondría causarle un gran dolor a su mujer, y escandalizar a su propia familia, muy tradicional; pero apretar los dientes y aguantar sería condenarlos a ambos a ser desgraciados durante décadas, o bien obligaría a su mujer a ser quien diera el paso de separarse. Como suele pasar en este tipo de dilemas, mi amigo, en su subconsciente, había llegado a la conclusión de que una opción indolora —y estaba claro que ninguna de aquellas dos lo era— debía de ser imposible. Así que no hizo nada, esperando que una tercera opción se materializara por arte de magia.

Le llevó un tiempo darse cuenta de que había una forma distinta de enfocar la situación. No una tercera opción, sino una nueva perspectiva sobre las que ya existían. Vio que, aun reconociendo que separarse sería terrible, si era tan importante para él, era libre de hacerlo de todos modos, y de lidiar de la manera más responsable posible con todo lo que viniera después, que asumiría como un precio que estaba dispuesto a pagar. Enfrentarse a esa realidad —que la decisión tendría un costo, y que podía elegir asumirlo— le dio el margen de maniobra psicológico que necesitaba. Se separó. Fue, efectivamente, horrible. Pero la vida siguió.

En algún momento, en tu intento de pasar una parte mayor de tu existencia mortal haciendo cosas que te resulten valiosas, es inevitable que te des cuenta de que no puedes tomar una determinada decisión sobre tu tiempo, por mucho que lo quieras, porque las circunstancias simplemente no te lo permiten. El obstáculo podría ser tan de peso como constatar que no puedes separarte o dejar una carrera profesional desalentadora por el impacto emocional o económico que tendría para ti o para los demás. O podría ser tan mundano como la certeza de que hoy no puedes dedicar media hora a un proyecto creativo estimulante porque tienes demasiados *e-mails* por contestar, o demasiadas tareas domésticas que terminar primero. Se trata de preocupaciones válidas. Pero la idea de que eliminan cualquier margen de elección no es del todo correcta. La verdad, aunque la gente suele indignarse al oírla, es que casi nunca se da literalmente el caso de que tengas que cumplir una fecha límite laboral, respetar un compromiso, contestar a un *e-mail*, cumplir con una obligación familiar o cualquier otra cosa. La sorprendente realidad —en palabras de Sheldon B. Kopp, un genial y brillante psicoterapeuta estadounidense fallecido en 1999— es que eres libre de hacer lo que quieras. Solo tienes que atenerte a las consecuencias.

Las consecuencias no son opcionales. La mortalidad implica que toda elección conlleva cierto tipo de consecuencias, porque, a cada instante, solo puedes elegir un camino, y tienes que lidiar con las repercusiones de no escoger cualquiera de los demás. Pasar una semana de vacaciones en Roma significa no pasar esa misma semana en París; evitar un conflicto a corto plazo significa afrontar las consecuencias de dejar que una mala situación se encone. La libertad no consiste en eludir el precio de tu decisión —esa nunca es una opción—, sino en darse cuenta, como señala Kopp, de que nadie te impide hacer nada siempre y cuando estés dispuesto a pagar ese costo. A menos que te estén obligando físicamente a hacer algo, la idea de que «tienes que hacerlo» en realidad significa que decidiste no pagar el precio de no hacerlo; igual que la idea de que de ningún modo puedes hacer algo, por lo general significa que no estás dispuesto a pagar el precio de hacerlo. Podrías dejar tu trabajo aun sin un plan B. Podrías reservar un billete solo de ida a Río de Janeiro, o robar un banco, o decirles a tus seguidores en redes sociales lo que de verdad piensas. El economista conservador estadounidense Thomas Sowell lo resumía, con una crudeza que yo agradezco, diciendo que no hay soluciones, solo contrapartidas. Las únicas dos preguntas, ante cualquier decisión en la vida, son cuál es el precio y si merece o no la pena pagarlo.

Esto puede resultar revelador y liberador para los más ansiosos de nosotros, en parte porque reduce el número de decisiones verdaderamente angustiosas a una cifra más manejable, pero también porque nos recuerda que la mayoría de las consecuencias potenciales sobre las que nos torturamos no justifican, ni remotamente, tanto sufrimiento. Si el hecho de que ignores un *e-mail* le molesta a quien lo envía o si tus suegros no aprueban tu forma de enfocar la crianza de tus hijos, la respuesta correcta bien podría ser: ¿y qué? Laura Vanderkam, que ha entrevistado a muchas madres trabajadoras para libros sobre cómo conciliar trabajo y vida familiar, oye con frecuencia versiones de una misma cantaleta: «¡No consigo relajarme al acabar el día hasta que los juguetes de los niños están recogidos!». Pero la realidad es que por supuesto que puedes relajarte aunque los juguetes de los niños no estén recogidos. «Nadie va a plantarse en tu casa a las once de la noche a revisar que todos los juguetes estén en su lugar», señala Vanderkam. Solo tienes que estar dispuesto a pagar el precio de relajarte en esas circunstancias, que son las de una casa que no estará en perfecto orden de revista.

Desde luego, hay una cuestión que es imposible ignorar, y es que las consecuencias de cualquier decisión podrían ser mucho más graves para unas personas que para otras. Hay quien se quedaría sin trabajo si ignorara unos cuantos *e-mails*, o quien sufriría represalias violentas si dejara juguetes esparcidos por todas partes. Pero esas realidades tremendamente injustas no cambian el hecho de que cada decisión es siempre y únicamente una cuestión de sopesar las contrapartidas. Si un camino que te encantaría tomar tiene muchas posibilidades de llevarte a la ruina o de perjudicarte de forma grave de algún otro modo, entonces es probable que no debas tomarlo. Pero, en el caso de la mayoría de nosotros, si somos sinceros con nosotros mismos, lo que solemos hacer más bien es exagerar las potenciales consecuencias, para ahorrarnos las molestias de tomar una decisión arriesgada. (He observado que, en el caso de las personas de ideología progresista, existe un peligro concreto que es el de utilizar el hecho de que una determinada opción pueda no estar al alcance de los menos privilegiados como una excusa para no escogerla ellas mismas. Pero, a menos que seas tú quien se cuente entre los menos privilegiados, esa es una coartada, no una justificación). Una de las ideas clave del filósofo Jean-Paul Sartre es que en cierto modo nos consuela decirnos a nosotros mismos que no tenemos alternativa, porque es más fácil regodearse en la «mala fe» de creernos atrapados que enfrentarnos a las responsabilidades mareantes de la libertad.

Pero la liberación también puede ser mareante. Cuando empieces a plantearte la vida como una cuestión de afrontar consecuencias, te verás a menudo negándote a dedicarles tiempo a cosas que nunca te habían importado demasiado, pero que hasta ahora no te habías atrevido a rechazar. (A algunas personas eso se les da de maravilla: cuando el periodista y presentador de televisión David Frost llamó al cómico inglés Peter Cook para invitarlo a cenar con el príncipe Andrés y su entonces esposa, Sarah Ferguson, se dice que le respondió: «Estoy revisando mi agenda y esa noche estaré mirando la televisión»). Otras veces, sin embargo, harás igualmente aquello que no quieres hacer, porque entiendes el precio que tiene y no te apetece incurrir en él. Fíjate en lo distinto que es respecto a decir que sí a regañadientes porque «sientes que no tienes elección» y luego pasar varios días resentido. La sensación es otra. Por ejemplo, quizá el cariño que le tienes a la amiga que te pide que canceles todos tus planes y la ayudes a mudarse este fin de semana haga que valga la pena decirle que sí: el estrés y la decepción que le provocarías si te negaras es un precio que no estás dispuesto a pagar.

Elijas lo que elijas, mientras lo hagas con la voluntad de atenerte a las consecuencias, el resultado será la libertad, en el único sentido en el que los mortales llegamos a disfrutarla. No la libertad frente a los límites, que es algo que por desgracia nunca lograremos experimentar, sino la libertad dentro de los límites. La libertad de examinar las contrapartidas —porque siempre habrá contrapartidas— y luego optar por la que más te guste.

Día 4

Contra la deuda de productividad

Sobre el poder de una «lista de cosas hechas»

> Una nunca se da cuenta de lo que se ha hecho; solo ve lo que queda por hacer.
>
> Marie Curie

Detengámonos un momento para recordar que, en realidad, tú no tienes que hacer nada de todo esto. Me refiero a utilizar tu tiempo de manera provechosa, a encontrar la forma de sacar tiempo para lo que te importa. Nada de esto es obligatorio. Tienes mi permiso para evadirte de todo.

Muchas personas, hoy en día, tienen la sensación de empezar cada mañana con una especie de «deuda de productividad» que deben esforzarse por pagar a lo largo de la jornada, con la esperanza de volver a tener un saldo cero al llegar la noche. Si no lo consiguen —o, peor, si ni siquiera lo intentan— es como si no hubieran justificado su existencia en la tierra. Si te sientes identificado con esa sensación, es muy probable que pertenezcas, como yo, a la triste tribu de lo que los psicólogos llaman «superdestacados inseguros», que es una forma diplomática de decir que tus logros, por impresionantes que sean a veces, están impulsados en última instancia por sentimientos de insuficiencia. Por ejemplo, quizá creas que solo te habrás ganado el derecho a existir cuando alcances un determinado estatus social, o de ingresos, o de competencias académicas. O quizá hayas vinculado tu autoestima al estándar más loco de todos, «sacar partido a tu potencial», lo que significa que nunca podrás descansar, porque ¿cómo puedes estar seguro de que no te queda un poco más de potencial al que sacarle partido?

La verdad es que no tienes por qué hacer nada de todo eso.

A ver, sí, en cierto sentido mundano todos «tenemos» que hacer todo tipo de cosas: para pagar el alquiler necesitas generar ingresos y, si lo haces trabajando, más te vale satisfacer las exigencias de la persona que contrató si no quieres tener problemas. Si tienes hijos, suele ser buena idea proporcionarles comida y ropa. Pero a ese sentido cotidiano de obligación le agregamos la deuda existencial descrita con anterioridad: la sensación de que tenemos que hacer las cosas no solo para alcanzar determinadas metas o para cumplir con nuestras responsabilidades básicas con los demás, sino porque es una deuda cósmica que hemos contraído de algún modo a cambio de estar vivos. En palabras del filósofo Byung-Chul Han: «Producimos contra la sensación de carencia». Nuestra frenética actividad es, a menudo, un esfuerzo por creernos miembros mínimamente aceptables de la sociedad.

El origen de todas esas sensaciones de insuficiencia es discutible y complejo. Podrías empezar echándole la culpa a la ética protestante de trabajo, la ideología que se afianzó a principios de la era moderna en Europa por la cual los cristianos calvinistas llegaron a creer que el trabajo duro e incansable podría demostrar su idoneidad para entrar en el cielo tras la muerte. (No era que el trabajo duro les proporcionara un lugar en el cielo —creían, de hecho, que el destino de todo el mundo ya estaba decidido de antemano—; lo que pensaban, y es algo que psicológicamente resulta mucho más complejo, es que, si ya habían sido seleccionados para el cielo, entonces debía esperarse de ellos que fueran el tipo de persona que, obviamente, querría trabajar duro en cualquier caso). Probablemente también puedas culpar a tus padres, que, a su vez, podrían culpar a los suyos, ya que las investigaciones que se han hecho sugieren que muchos «superdestacados inseguros» empiezan siendo niños a los que han educado para sentirse reconocidos y valorados solo cuando destacan en algo. Oh, y también podrías culpar al consumismo, que tiene un enorme interés en hacer que todo el mundo siga sintiéndose insuficiente, para que así siga adquiriendo nuevos productos y servicios que prometen hacer desaparecer esos sentimientos.

Aunque lo que es indiscutible es que la vida de un deudor de productividad no tiene nada de divertido. Genera ansiedad, es agotadora y probablemente también contribuya a la epidemia moderna del aislamiento social, porque centrarse, con una visión de túnel, en pagar tu deuda hace que se te antoje mucho menos priorizar actividades aparentemente improductivas como salir con amigos. Peor aún: la mentalidad de deuda convierte el éxito en una especie de castigo. Cada nuevo logro no hace más que establecer un listón más alto al que sientes que tienes que llegar a continuación, por lo que saldar tu deuda se hace aún más difícil que antes.

Debe ser por eso que me resulta tan doloroso revisitar una escena de una serie de televisión de la década de los 2000 bastante olvidada, *Studio 60 on the Sunset Strip*, en la que Bradley Whitford y el tristemente desaparecido Matthew Perry interpretan a dos productores encargados de rescatar y relanzar un programa semanal de comedia de alcance nacional, basado a todas luces en *Saturday Night Live*. A lo largo del episodio, vemos que van poniéndose cada vez más nerviosos, mientras un enorme reloj digital en la sala de control lleva la cuenta atrás de los días, las horas, los minutos y los segundos que faltan para que comience la transmisión en vivo. El mundo entero está mirando. Hay mucho en juego. Conflictos de última hora amenazan con desbaratar la emisión. Pero, contra todo pronóstico, con los dígitos llegando al cero, todo se resuelve. Están en el aire. La canción inicial es un éxito. El público enloquece. Vemos a Perry, que lo mira todo desde el fondo; por primera vez parece estar relajado. Durante uno o dos segundos, al menos. Luego un pensamiento inquietante parece atravesarlo y la cámara sigue su mirada hasta el reloj de la pared, que ahora marca 6 días, 23 horas, 57 minutos y 53 segundos: la cuenta atrás hasta la emisión de la semana siguiente. Su recompensa por pagar su deuda de forma tan espectacular es que ahora tiene que hacerlo igual de bien otra vez.

Existe una vía religiosa para salir de la deuda de productividad, si crees en un dios que concede la gracia; que te ama y se deleita en ti, en otras palabras, independientemente de cuánto te esfuerces por justificar tu existencia por medio de tu productividad, tu buen corazón o cualquier otra cosa. Pero los agnósticos y ateos pueden tomar un camino distinto hacia un destino similar: si no hay un dios, entonces no hay ninguna autoridad con el poder de exigirte que te ganes tu derecho a existir. Simplemente existes, y eso debe ser suficiente. Tal como dice el escritor taoísta Jason Gregory, expresando la misma idea de una forma distinta y llamativa, caemos en el error de creer que, por algún motivo, no pertenecemos al mundo y que, por lo tanto, debemos pasarnos la vida intentando volver a ganarnos el derecho a ser parte de él. Pero ¿quién podría decidir que no somos parte del mundo? La verdad más evidente es que ya lo somos. No se trata de sentimentalismo, sino de hechos puros y duros. Mira a tu alrededor: esta es la realidad. Está formada por un montón de átomos, algunos de los cuales te forman a ti. ¿Qué quiere decir que no eres parte de esto?

Mi forma preferida de luchar contra la sensación de tener una deuda de productividad en el día a día es elaborar una lista de «cosas hechas», un registro no de las tareas que tienes previsto hacer, sino de las que ya has llevado a cabo hasta el momento, lo que la convierte en ese tipo de lista, tan poco habitual, que debería ser más larga a medida que avanza el día. (Si ya utilizas algún tipo de sistema de gestión del tiempo, elaborar una lista de cosas hechas puede ser tan sencillo como no borrar las tareas una vez terminadas, sino pasarlas a un documento o una carpeta aparte donde poder contemplar con satisfacción cómo se acumulan). Como bien entendió Marie Curie, nuestra actitud por defecto es comparar nuestros logros reales con todas las cosas que, en teoría, aún podríamos hacer. Pero esa es una vara de medir con la que nunca estaremos a la altura. En cambio, lo que hace que una lista de cosas hechas sea tan motivadora y esperanzadora es que te invita implícitamente a comparar tus resultados con una situación hipotética en la que ese día te hubieras quedado en la cama sin hacer nada. ¿Y por qué esa comparación debería ser menos legítima que la otra? (Además, si de verdad te sientes estancado en la rutina, siempre puedes plantearte un enfoque menos rígido de lo que cuenta como tarea finalizada. Nadie más tiene por qué saber que añadiste «hacer café» o «darme una ducha» a tu lista de cosas hechas).

Aunque una lista de cosas hechas no es solo una forma de sentirte mejor contigo mismo. Cuando empieces a ver cada día no como una cuestión de saldar una deuda sino como una oportunidad de trasladar una pequeña pero significativa cantidad de elementos a tu lista de cosas hechas, te darás cuenta de que eliges mejor en qué centrar tu atención. También progresarás más, porque gastarás menos energía estresándote por todas las demás tareas que (inevitablemente) estarás descuidando. Y aunque no voy a pretender que pase siempre, puede que incluso experimentes alguno de esos momentos trascendentales en los que empezar a trabajar en un proyecto que te interesa —ahora que ya no estás al servicio de un plan oculto para hacerte sentir mejor contigo mismo ayudándote a pagar una deuda imaginaria— pasa a ser algo fácil y jubiloso.

Esta es la lección que a los superdestacados inseguros no nos iría mal grabarnos a fuego: nuestros actos no tienen por qué ser cosas que hacemos mecánicamente, día tras día, con el objetivo de acercarnos un milímetro más a ese instante esquivo en el que finalmente podremos considerarnos seres humanos aceptables, sino que pueden ser expresiones disfrutables del hecho de que eso es justo lo que ya somos.

Día 5

Demasiada información

Sobre el arte de leer y no leer

> El visitante entra y dice: «¡Cuántos libros! ¿Los ha leído todos?». [...] La mejor es la respuesta estándar de Roberto Leydi: «Muchos más, señor, muchos más», que deja helado al adversario y le hace caer en un estado de estupefacta veneración. Pero la encuentro desalmada y causa ansiedad. Ahora me he replegado hacia la afirmación: «No, estos son los que tengo que leer para el mes que viene. Los demás los tengo en la universidad».
>
> UMBERTO ECO

En *The Guardian*, el tema sobre el que más nos pedían escribir artículos de estilo de vida a mis compañeros y a mí era el de la «sobrecarga informativa», y no, a nadie se le escapaba la ironía de que publicar miles de palabras sobre el problema difícilmente iba a ser de ninguna ayuda. Estábamos a mediados de la década de los 2000, pero ya era evidente que internet iba a agravar exponencialmente el problema de te-

ner demasiado por leer. (En 1999, según los cálculos de los investigadores, la cantidad de información generada en todo el mundo ascendía a por lo menos 1 500 millones de gigabytes. En 2024, ese cálculo es de 147 billones de gigabytes. Por supuesto, se trata en gran parte de contenido no publicado, pero mucho sí lo está —y, por comparación, según un somero cálculo de aficionado, la biblioteca de Alejandría entera contenía en torno a 12 gigabytes). Se ha convertido en un problema generalizado en el mundo moderno tener no solo una pila tambaleante de libros por leer, sino una pila digital de artículos que te gustaría asimilar, además de una larga cola de episodios de pódcast que escuchar, videos y series de televisión que ver o videojuegos que compraste y a los que te encantaría jugar, si encontraras el tiempo para ello.

Es triste y divertido a la vez pensar que, en las primeras épocas de internet, la sobrecarga informativa se consideró un problema temporal. Sí, en ese momento nos veíamos inundados de un sinfín de entradas de blogs, *e-mails* y noticias irrelevantes. Pero aquello no iba a durar, porque la tecnología pronto avanzaría y nos ayudaría a localizar la información que era importante para nosotros, y descartaría el resto. El problema real, según el destacado tecnoptimista Clay Shirky, no era la sobrecarga informativa, sino «la falta de filtros». Lo que necesitábamos —y seguramente era inminente que tuviéramos— eran formas más sofisticadas de separar el trigo de la paja digital.

No podíamos estar más equivocados. Aquello fue un caso de manual de «trampa de la eficiencia». Es verdad que los filtros han mejorado: tecnologías como el motor de recomendaciones de Amazon son una manera estupenda de des-

cubrir nuevas lecturas, mientras que las redes sociales, en su mejor versión, son como tener a miles de ayudantes no remunerados buscando por todo el planeta un contenido que tiene muchos números de resultarte particularmente fascinante. Pero el resultado, e imagino que por poco que hayas estado activo online en las últimas décadas estarás de acuerdo, no ha sido más sentido común o más calma. Como el flujo entrante de material auténticamente interesante es, a efectos prácticos, ilimitado, mejorar la eficacia con la que lo descubres quiere decir que no dejan de bombardearte con libros, artículos, pódcast y videos que parece que podrían contener una perla de sabiduría clave para tu felicidad o tu éxito profesional. El reto no consiste en encontrar unas cuantas agujas de relevancia en un pajar de basura. El reto, en palabras del experto en tecnología Nicholas Carr, consiste en averiguar cómo lidiar, día tras día, con «pilas de agujas del tamaño de un pajar».

Es tentador preguntarse si la solución podría estar en consumir las cosas más rápido, quizá escuchando audiolibros a doble velocidad o persiguiendo el sueño, porque no deja de ser un sueño, de aprender a leer más rápido. (Recordemos lo que dijo Woody Allen sobre hacer un curso de lectura rápida y luego leer *Guerra y paz*: «Va de Rusia»). Pero hay demasiado contenido como para eso. «Podrías recortar todos los nanosegundos de silencio que hubiera y, aun así, no lo conseguirías», señala un especialista en audio, en una invectiva contra la opción de «eliminar silencios» de determinadas aplicaciones de pódcast que permite a los oyentes suprimir hasta el último instante de silencio reflexivo que pueda haberse colado en un episodio. «Nunca serás tan eficiente como para oírlo todo antes de morirte». Avanzar más deprisa a través de

un flujo entrante infinito de algo no conseguirá que te lo termines. Al estar procesando una mayor cantidad de esa cosa, más rápido y sin lograr nunca la satisfacción de reducirla, lo que hará es que, a la postre, te sientas más disperso y estresado.

Por suerte, hay tres consejos para abrirse paso por un mundo de información infinita que son de verdad útiles. El primero es tratar tu pila de libros por leer como un río, no un cubo. Es decir: piensa en tu lista de lecturas pendientes no como en un contenedor que se va llenando poco a poco y que te toca a ti vaciar, sino como una corriente que pasa por tu lado y de la que puedes elegir algunos artículos, aquí y allá, sin sentirte culpable por dejar que los demás pasen de largo. En realidad, si te paras a pensarlo, hay algo un poco arbitrario en la manera en que decidimos qué depósitos de información son cubos generadores de culpabilidad. Conozco a varias personas mayores que parecen creer que si un periódico o una revista en papel aparecen en su casa tienen el deber moral de leerlos. Yo mismo me he sentido atormentado de manera similar por las largas listas de favoritos de mi navegador web. Pero a ninguno de nosotros parece preocuparle lo más mínimo el hecho de que nunca conseguiremos leer los 13.5 millones de libros de la Biblioteca Británica (almacenados, junto con otro material impreso, en 746 kilómetros de estantes). Está claro que la mera existencia de algo legible no genera la obligación de leerlo, ni tampoco el hecho de que haya llegado a tu conocimiento, a tu navegador o a tu casa.

El segundo consejo es resistirse al afán de acumular conocimientos. Al menos por lo que se refiere a las fuentes de no ficción, es fácil acabar creyendo que el objetivo de leer o escuchar cualquier cosa es agregarlo a tu repositorio de conocimiento e ideas, como una ardilla que hace acopio de nueces, para prepararte para un futuro en el que finalmente podrás sacarle partido de todo ello. (Esa actitud lleva a algunas personas a desarrollar complicados sistemas para tomar notas de todo lo que leen, lo que convierte la lectura en un trabajo y a su vez, de un modo perverso, hace que no lean libros que de otro modo disfrutarían o de los que podrían beneficiarse porque se les hace una montaña tomar notas sobre ellos).

Gran parte de los beneficios a largo plazo de la lectura emergen no de los datos que te introduces en el cerebro, sino de las maneras en que la lectura te cambia, configurando tu sensibilidad, de la que luego saldrán un trabajo eficaz y buenas ideas. En palabras de la asesora de arte Katarina Janoskova: «Cada libro deja una huella, aunque no se quede en tu memoria consciente».

La regla final, estrechamente relacionada con la anterior, es recordar que consumir información es, como todo lo demás, una actividad del momento presente. No es solo que obsesionarse por retener hechos sea una manera pésima de sacarle partido a la lectura; es que la obsesión por «sacarle partido» a las cosas hace que corramos el riesgo de desdibujar la realidad de que una vida llena de sentido al final tiene que incluir al menos algunas actividades que disfrutemos de por sí, aquí y ahora. Así que no hay que elegir siempre leer lo más edificante, o lo que profesionalmente pueda serte más útil, o lo que con más fervor recomienden los árbitros de la cultura. A veces está bien leer lo que parece más divertido. Dedicar media hora a leer algo interesante, conmovedor, apasionante o simplemente entretenido podría valer la pena, y no porque vaya a convertirte en alguien mejor más adelante —aunque eso también podría ocurrir—, sino por el mero hecho de, esa media hora, estar vivo.

Día 6

No puedes preocuparte por todo

Sobre conservar la cordura cuando el mundo se desmorona

> El arte de ser sabio es el arte de saber lo que hay que pasar por alto.
>
> William James

En sus memorias, el filósofo Raymond Aron contaba algo que le sucedió mientras paseaba por París con su mujer, Suzanne, y su hija recién nacida una espléndida mañana de la década de 1930. Es fácil imaginarse la escena: la ciudad entera disfrutando del sol, conversando a la sombra de los árboles o tomando café y fumando en las terrazas de los bistrós. Bueno, la ciudad entera no: en los jardines de Luxemburgo, Aron ve a su amiga y compañera de estudios en la École Normale Supérieure, Simone Weil, consumida por la preocupación. Aron y su mujer le preguntan qué le ocurre. «Hay una huelga en Shanghái —responde Weil, con los ojos cuajados de lágrimas—, ¡y las tropas dispararon contra los trabajadores!».

Weil, tal como explica Alain Supiot, «era de ese tipo de personas que no consiguen abstraerse del caudal de sufrimiento en el que se ve inmersa la humanidad». No soy quién para decir que Weil se equivocaba al sentir tamaña angustia por un horror que estaba teniendo lugar a miles de kilómetros de distancia y con el que no tenía ningún vínculo personal. Un cierto grado de preocupación por el sufrimiento de los que están lejos es inequívocamente loable, y muchos de los admiradores de hoy en día de la mística judío-católico-marxista la consideran una santa. Piso terreno más seguro cuando digo que la mayoría de nosotros, yo incluido, seríamos totalmente incapaces de seguir con nuestras vidas si experimentáramos el impacto emocional de cada asesinato o acto de injusticia que se produce en el mundo como si le hubiera ocurrido a un ser querido. Y, sin embargo, eso no está muy lejos de lo que se nos exige cada vez más hoy en día.

Tal vez suene raro decir algo así de una era de la que más bien suele afirmarse que ha alcanzado niveles de egoísmo e insensibilidad sin precedentes. Pero gracias a la tecnología digital, es también una época en la que, suponiendo que seas el tipo de persona que considera su deber preocuparse por algo de lo que ocurre más allá de las paredes de su casa, estás expuesto a que te pidan que te preocupes con la máxima intensidad por todo.

En parte, se debe a que sencillamente estamos más conectados que nunca, así que cualquiera que navegue por las redes sociales puede ser invitado de un momento a otro a preocuparse por más sufrimiento humano del que los mayores santos de la historia habrían visto a lo largo de toda su vida. Pero también es una consecuencia específica de la «economía de la atención» en internet, en la que el producto más valioso —aquello de lo que los anunciantes y las redes sociales y muchas empresas de medios de comunicación dependen para ganar dinero— no son las noticias en sí, sino tu atención. A estas alturas, ya sabemos que ese mecanismo proporciona una mayor relevancia a disputas absurdas entre famosos, polémicas teorías de la conspiración y videos de personas humillándose en público. Mientras sea absorbente, da igual que la historia sea o no importante. Lo que resulta menos obvio es el modo en que esa misma dinámica obliga incluso a los medios de comunicación y las ONG más respetables a exagerar la importancia de cualquier noticia o causa, porque están igual de enganchados que los demás en una carrera armamentística por tu atención. El resultado es que, incluso cuando algún acontecimiento en las noticias es legítimamente grave, no puedes estar seguro de si lo presentarán como si fuera aún peor, salvo en esos rincones de internet donde se consiguen más clics negando, de forma igual de engañosa, que jamás se haya producido.

Fue en 2016, tras la elección de Donald Trump y el resultado del referéndum del Brexit, cuando empecé a darme cuenta del extraño efecto que todo aquello tenía en mí, y de forma aún más notable en algunos amigos y conocidos. No era solo que se hubieran obsesionado con el consumo de noticias negativas, el llamado *doomscrolling* (aunque también). Era que habían empezado a «vivir dentro de las noticias». Las noticias se habían convertido en el centro de gravedad psicológico de sus vidas, en algo más real, de algún modo, que el mundo en el que estaban su hogar, sus amigos y su trabajo, y por el que se dejaban solo caer de vez en cuando antes de volver a lo que era el acto principal. Parecían estar personalmente más interesados en saber si Trump destituiría a su secretario de Estado o en quién nominaría para el Tribunal Supremo que en cualquiera de los dramas personales de su trabajo, su familia o su vecindario. Tenían, por lo general, buenas intenciones, así que tal vez esté un poco feo señalar que ese comportamiento de ningún modo hace del mundo un lugar mejor. Puede parecer que vivir dentro de las noticias es cumplir con tu deber como buen ciudadano. Pero con diez minutos al día basta para estar bien informado; seguir consumiendo información más allá de eso puede llegar a provocar frustración e impotencia, y desde luego te priva de un tiempo que podrías haber dedicado a tratar de cambiar algo. El escritor canadiense David Cain imagina una forma distinta de hacer las cosas:

> Supongamos que todo el «interés público» disponible por un determinado asunto pudiera almacenarse en un enorme depósito de agua pluvial [...] y redistribuirse entre menos personas. En lugar de tener a 50 millones de personas preocupadísimas por un asunto durante seis horas, podrías condensar esos 300 millones de horas de interés público en, por ejemplo, 3 000 personas para las que aquella fuera su principal preocupación moral durante una década [...]. No podemos repartir el interés público como el agua de un depósito pluvial, [pero] quizá cada uno de nosotros, dentro de nosotros mismos, podamos concentrarla un poco más. Imaginemos que fuera normal que cada persona se centrara diez veces al día con ese nivel de profundidad en uno o dos asuntos a la vez, en lugar de cargar con el peso emocional de docenas [...] y sentirse impotente por «cómo está el mundo».

En otras palabras, elige tus batallas, y no te sientas mal por hacerlo. Al aceptar de ese modo tus limitaciones estarás en disposición de hacer más por las batallas que sí elijas librar y también, por lo tanto, de sentirte mejor contigo mismo que las personas que tratan de preocuparse por todo. (Y que quizá lo que quieran, en gran parte, sea demostrarle al mundo que se preocupan por todo). Mi ejemplo favorito sobre este asunto lo personifica Erik Hagerman, un antiguo ejecutivo de una empresa de calzado deportivo y entregado opositor a Trump al que *The New York Times* le dedicó un perfil en 2018 donde lo presentaba como una especie de anti-Simone Weil: en lugar de intentar absorber todo el dolor del mundo, Hagerman había optado por vivir como si las turbulencias de la vida pública estadounidense no existieran. No leía ni escuchaba nunca las noticias y cuando salía de su casa, en una zona rural de Ohio, para ir a tomar un café y un *scone* en la cafetería más cercana, llevaba unos audífonos que reproducían ruido blanco, para no escuchar a los demás clientes hablar de política. Como era de prever, los medios de comunicación conservadores lo tacharon de liberal chillón, mientras que los liberales le acusaron de ser un monstruo inconsciente de su privilegio. Un periodista acusó a Hagerman de ser «la persona más egoísta de Estados Unidos» y no contento con eso añadió: «No todo el mundo puede permitirse vivir en la ignorancia. Las personas que han visto cómo [la política exterior de Estados Unidos] destrozaba a sus familias no pueden permitirse vivir en la ignorancia. Las personas víctimas de la violencia de las armas de fuego no pueden permitirse vivir en la ignorancia».

Pero ¿es posible que Hagerman no haya hecho más que llevar a cabo un análisis certero de su capacidad de sentir preocupación, y luego repartirla con más eficacia que la mayoría de nosotros? En su tiempo libre, según explicaba *The New York Times*, Hagerman se ocupaba de recuperar una zona de humedales que había adquirido; cuando hubiera acabado, tenía previsto preservarlo para el acceso público. Vaticinaba que el proyecto consumiría gran parte de sus ahorros. Se me ocurren formas más egoístas de vivir tu vida.

Solía decirse, en relación con determinadas noticias espeluznantes, que «si no te indignan es que no estás prestando atención». Pero esa es una reliquia de una época en la que a la gente le sobraba atención, y en la que los medios de comunicación no tenían un particular interés en echar más leña al fuego de cualquier polémica. En la era de la escasez de la atención, el mayor acto de buena ciudadanía tal vez sea prestar atención solo a las batallas que has elegido librar.

Día 7

Deja el futuro en el futuro

Sobre cruzar puentes al llegar a ellos

No investigues, pues no es lícito, Leucónoe, el fin que ni a mí
ni a ti los dioses destinen; a cálculos babilonios
no te entregues. ¡Vale más sufrir lo que haya de ser!
Te otorgue Júpiter varios inviernos o solo el de hoy,
que destroza el mar Tirreno contra las rocas, prudente
sé, filtra el vino y en nuestro breve vivir la esperanza
contén. Mientras hablo, el tiempo celoso habrá ya escapado:
goza el día y no jures que otro igual vendrá después.

Horacio, *Odas*

Recuerdo con total exactitud dónde estaba cuando me impactó con toda su fuerza una frase que debía de haber oído, a aquellas alturas, unas mil veces desde niño: «Cuando lleguemos a ese río, cruzaremos ese puente». Estaba esperando un tren en la parada de metro de Union Street, en Brooklyn, inquieto como de costumbre, esta vez por la logística de una inminente mudanza, aunque podría haber sido cualquier otra cosa. Estaba a la espera de que me dijeran si podría mudarme en la fecha que yo quería, algo que no podría saber hasta que la inquilina que dejaba el apartamento decidiera lo que haría. De repente, todo ese nerviosismo mental me pareció absurdo, muy absurdo: estaba intentando tranquilizarme a mí mismo en relación con un asunto sobre el que, como les gusta decir a los filósofos, no se sabía nada a ciencia cierta. No era solo que yo no supiera aún la respuesta; es que ni siquiera existiría una respuesta hasta algún momento de un futuro próximo. Ese era un puente que yo solo podía cruzar cuando llegara a él.

Determinados aspectos de la finitud humana son relativamente fáciles de percibir: nuestra limitada cantidad de tiempo, por ejemplo, o nuestra limitada capacidad de controlar la forma en que actúan los demás. Pero puede ser más difícil percatarse de uno de los más significativos: lo irremediablemente atrapados que estamos en el presente, en esta situación temporal, lo incapaces que somos incluso de ponernos de puntitas y asomarnos al futuro para comprobar que todo va bien por allí. Es muy inquietante, porque significa que padecemos de lo que el psicólogo Robert Saltzman llama «vulnerabilidad total ante los acontecimientos». Se da siempre el caso de que absolutamente cualquier cosa, o al menos cualquier cosa dentro de las leyes de la física, podría pasar en cualquier momento. En el próximo instante, «podría perder para siempre a un amigo o un compañero muy querido», sostiene Saltzman, echando sal a la herida. Tal vez no sea ni remotamente posible que, por ejemplo, se abra un socavón en el suelo y me trague la tierra la próxima vez que salga a hacer las compras, pero la verdad inevitable es que tampoco puedo descartarlo del todo. Mi mujer recuerda con total nitidez el momento de su adolescencia en el que, tras años y años yendo a ver películas al cine, se dio cuenta de que, si algo espantoso y definitivo les ocurriera a ella o a alguno de sus seres queridos, no habría una siniestra banda sonora que lo anunciara. Simplemente pasaría. Siempre puede pasar cualquier cosa.

Preocuparnos es la principal forma que tenemos de intentar resistirnos a esa espantosa realidad. ¿Qué es en el fondo la preocupación sino la actividad de una mente que intenta imaginarse todos los posibles puentes que quizá haya que cruzar en el futuro y luego trata de averiguar cómo cruzarlos? El carácter compulsivo y repetitivo de la preocupación tiene que ver con el hecho de que, para los seres mortales, ese objetivo es doblemente imposible. En primer lugar, no podríamos pensar en todos los desafíos a los que quizá tengamos que enfrentarnos. En segundo lugar, aunque pudiéramos, lo único que nos proporcionaría el consuelo que anhelamos sería saber que hemos cruzado los puentes en cuestión a salvo, y eso es algo que no sabremos hasta que no los hayamos cruzado de verdad. Así que, como dice Hannah Arendt: «atados de pies y manos por el deseo y por el miedo a un futuro lleno de incertidumbres, despojamos cada momento del presente de su tranquilidad y de su valor intrínseco, del que somos incapaces de disfrutar. Y de ese modo el futuro destruye el presente».

Existe una tendencia, en el ámbito de la autoayuda, a representar la preocupación como un acto de estupidez irracional; pero, en el entorno prehistórico en el que evolucionaron los seres humanos, tenía todo el sentido del mundo. Las cosas pasaban muy rápido por aquel entonces. Si oías un chasquido entre los arbustos, era vital que concentraras toda tu atención en saber qué podría estar causándolo, una reacción que iba acompañada de un pico de ansiedad: esa respuesta te habría mantenido alerta hasta que, unos segundos más tarde, hubieras podido confirmar que no era más que un pájaro inofensivo. El problema es que hoy vivimos en lo que se podemos llamar un «entorno de respuesta retardada», en el que puede llevar semanas o meses descubrir si una potencial complicación es real o no. Si tu preocupación tiene que ver con algo menos inmediato que un chasquido entre los arbustos —si tiene que ver, por ejemplo, con saber si el comité de becas aprobará tu solicitud de financiamiento cuando se reúna dentro de dos meses—, tu ansiedad no tiene la capacidad de desencadenar ninguna conducta útil, y tampoco tiene adónde ir. Así que se perpetúa y se repite, distrayéndote de las tareas que podrían haberte ayudado de verdad a asegurarte un futuro.

Que esté descartado que puedas tener alguna certeza sobre el futuro no significa que no puedas confiar en tu capacidad para lidiar con él cuando llegue. Como el célebre emperador estoico Marco Aurelio les dice a los lectores de sus *Meditaciones*: «No te inquiete el futuro; pues irás a su encuentro, de ser preciso, con la misma razón que ahora utilizas para las cosas presentes». Podría decirse que el que se preocupa lo está entendiendo todo al revés. Tiene tanto miedo de no poder fiarse de sus recursos interiores más adelante, cuando llegue al puente que será necesario cruzar, que hace esfuerzos sobrehumanos para poner el futuro bajo su control ahora mismo. Debería dedicar, en realidad, menos energía a manipular el futuro y tener más fe en su capacidad de gestionar la situación cuando se presente. En el caso de que se presente, claro. El «de ser preciso» de Marco Aurelio es un recordatorio útil de que la mayoría de los puentes por los que nos preocupamos nunca llegamos a tener que cruzarlos.

Que no sea posible cruzar ningún puente antes de llegar a él puede resultar desalentador, ya que no nos deja otra opción que seguir avanzando a tientas entre la niebla, intentando no pensar en los socavones en el suelo. Pero encierra un tesoro oculto. Al fin y al cabo, del hecho de que estés irremediablemente atrapado en el presente se desprende que solo puedes responsabilizarte del instante que viene a continuación. Tu trabajo es hacer siempre solo lo que Carl Jung llama «lo siguiente y más necesario» lo mejor que puedas. Sin duda, de vez en cuando, lo siguiente y más necesario será trazar algún plan juicioso de cara al futuro. Pero eso es algo que puedes hacer, luego soltar y seguir tu camino; no tienes por qué vivir mentalmente diez pasos por delante de ti mismo, esforzándote por estar seguro de lo que viene después. Puedes dejar de preocuparte por todo aquello que no sea cómo pasar el próximo instante de una forma inteligente, disfrutable o valiosa de cualquier otra manera. Los mortales no necesitan preocuparse por nada más.

Semana II

PASAR A LA ACCIÓN

La actividad no es una carga que haya que levantar y transportar sobre los hombros. Es algo que somos. El trabajo que tenemos que hacer puede verse como una manera de cobrar vida.

JOANNA MACY

Día 8

A la caza de decisiones

Sobre elegir un camino a través del bosque

¡En relación con el propio dharma, uno no debería vacilar!

Bhagavad Gita

Por si no estaba ya claro a estas alturas, lo repetiré de nuevo: aceptar tus limitaciones no consiste en conformarse con menos en la vida. No tiene nada que ver con adoptar una actitud pasiva y dejar que las cosas ocurran. Me niego a suscribir la afirmación —atribuida indistintamente a Kurt Vonnegut, el dalái lama y el pastor Rick Warren, y muy popular entre quienes dicen tener un «lado espiritual» muy desarrollado— de que «somos seres humanos, no hechos humanos». La gracia de afrontar la verdad sobre la finitud es que se vuelve más fácil dedicarle tu tiempo a actividades valiosas y enriquecedoras una vez que ya no estás intentando hacerlas todas, o hacerlas a la perfección, o hacerlas con la secreta intención de lograr una sensación de seguridad o de control. Por eso, esta semana nos centraremos en el arte de tomar medidas imperfectas. Y no conozco una forma mejor de empezar a hacerlo —sobre todo cuando estás en un bucle de procrastinación, o eres incapaz de decidir cuál será tu siguiente paso— que ir a la búsqueda de algún tipo de decisión que puedas tomar. Y, a continuación, tomarla.

Se ha escrito muchísimo, tanto en el ámbito académico como en el divulgativo, sobre el arte de tomar decisiones, pero gran parte de esas obras se equivocan al hablar de las decisiones como si fueran cosas que se te presentan. Como si estuvieras sentado tras un enorme escritorio de la planta ejecutiva, tomándote un café, y de vez en cuando entrara un subalterno a toda prisa en el despacho trayendo una carpeta de papel de manila con la decisión que debes tomar. Tal vez sea así como los presidentes y líderes empresariales toman decisiones; incluso a los demás nos pasa a veces que hay decisiones que aterrizan sobre nuestra mesa, metafóricamente hablando, de ese modo. ¿Deberías aceptar la oferta de trabajo? ¿Contestar que sí a la propuesta de matrimonio? ¿Entregarle el bolso al asaltante, o negarte? Pero, con mucha más frecuencia, para mejorar tu calidad de vida lo que tienes que hacer es pensar en las decisiones no como en cosas que se presentan, sino como en cosas que hay que salir a buscar. En otras palabras: partir del supuesto de que en algún lugar, en el confuso marasmo de tu trabajo o tu vida, acecha al menos una decisión que podrías tomar ahora mismo para salir de tu parálisis y ponerte en marcha.

El *coach* de ejecutivos Steve Chandler, en su libro *Time Warrior*, llama a ese tipo de proceso de toma de decisiones «elegir», y lo diferencia del muy distinto, por similar que suene, de «tratar de decidir», o averiguar qué hacer. Podrías dilapidar meses tratando de encontrar la mejor manera de empezar el guion que quieres escribir sin conseguirlo. Pero tomar las tres escenas iniciales que has estado valorando y elegir solo una no cuesta ni un minuto y está, sin duda, dentro de tus capacidades. O supongamos que llevas un tiempo pensando en dejar el trabajo. Es el tipo de dilema al que muchas personas le dan vueltas durante años. Pero, ahora mismo, en el transcurso de los próximos tres minutos, sería fácil escoger a la persona de tu círculo social que más probablemente pueda darte un buen consejo sobre el asunto, enviarle un *e-mail* y proponerle quedar para tomar un café. «Muchas personas creen que su problema es que no saben lo suficiente», sostiene Chandler. «Creen que no saben qué hacer, así que pasará tiempo antes de que lo hagan». Pero ¿elegir? «Eso no lleva mucho tiempo. Al elegir, ya elegiste».

Mirándolo así, de hecho, es posible afirmar que tomar una decisión es el acto definitorio de una vida que acepta sus límites. Como ya vimos, el hecho de que tu tiempo sea limitado —junto a la realidad de que solo puedes estar en un sitio a la vez— significa que, a cada instante, estás optando por no tomar un millar de caminos alternativos en la vida. Cada uno de esos caminos se divide en otros miles, y así indefinidamente, como en un delta fluvial enorme en el que pudieras escoger de entre una inmensa variedad de canales. Pero solo uno. Por eso la indecisión puede resultar tan extrañamente cómoda: es una forma de aplazamiento, una evitación temporal de los dolorosos sacrificios que conlleva. (Dicho de otra forma, es una manera de intentar esquivar la inevitabilidad de las consecuencias de las que hablamos en el día tres). En cambio, tomar una decisión —cualquier decisión— es hacerse cargo de lo que ocurre. Es admitir que estás en el kayak, en lugar de fantasear sobre los superyates.

Requiere un poco de fuerza de voluntad, pero el premio suele ser una dosis de motivación inmediata, porque tu energía psicológica deja de estar en la negación o la evitación y pasa a estar en la acción. La situación empieza a cobrar impulso y cada decisión demuestra ser más fácil de tomar que la anterior.

Hay dos reglas a la hora de salir a cazar decisiones que vale la pena tener en cuenta. La primera es que una decisión no cuenta como tal hasta que no hayas hecho algo al respecto en el mundo real, de modo que algunas de tus alternativas descartadas queden fuera de tu alcance. Decirte a ti mismo para tus adentros que ya tomaste una decisión no es suficiente. Tienes que empezar a esbozar la escena inicial del guion y ponerte a avanzar por ese camino creativo en lugar de por cualquier otro. Tienes que escribirle un *e-mail* a tu amigo para proponerle ese café, transformando así tu duda meramente privada sobre tu trabajo en algo que existe en el mundo exterior.

Dicho esto, la otra regla, que equilibra la primera, es que mientras una decisión cumpla con la primera regla, puede ser tan insignificante como se quiera. No son necesarios grandes gestos. No hace falta pasar directamente de pensar en un cambio profesional a entrar en el despacho de tu jefe y presentar tu dimisión. Dar pequeños pasos está bien, solo que tienen que ser de verdad. (Lo que E. L. Doctorow dijo sobre escribir novelas es válido también para todo lo demás: es «como conducir un coche de noche. Nunca ves más allá de lo que iluminan los faros, pero puedes hacer así todo el viaje»). Sigue tomando decisiones minúsculas pero reales y, cuando llegue la hora de dimitir, la reunión con tu jefe será solo un paso más.

El tema de decidir y de escoger lleva, claro, a pensar en uno de los poemas más famosos jamás escritos, «El camino no elegido», de Robert Frost. Lo conoces: es el de los dos caminos que se bifurcan en un «bosque amarillo», de los que el narrador elige «el menos transitado»; una elección que asegura que «supuso toda la diferencia». En su interpretación más habitual, el poema de Frost es poco más que una trillada celebración del sueño americano. ¡Rechaza lo convencional! ¡Haz las cosas a tu manera, cree en ti y el éxito está garantizado! Pero como explica el poeta David Orr en su libro, titulado igual que el poema, de lo que habla en realidad es de algo más extraño. Los versos de Frost desautorizan la interpretación convencional de lleno. En cuanto habla el narrador del camino menos transitado, admite que, de hecho, «el pasar de la gente» había «desgastado» lo mismo los dos caminos. Y si nos fijamos, tampoco llega nunca a afirmar que su elección de camino «supuso toda la diferencia» en su vida. ¿Cómo podría saberlo, cuando nunca pudo compararlo con el otro? Lo que el narrador del poema dice es que «dentro de años y años», cuando sea un anciano, eso es lo que espera poder decir. Porque querrá racionalizar las decisiones que tomó, como hace siempre todo el mundo.

La verdadera idea de fondo del poema de Frost, según esta interpretación, no es que debas optar por una vida poco convencional, sino que la única manera de vivir de forma auténtica es reconocer que estarás siempre tomando decisión tras decisión, y que esas decisiones condicionarán tu vida de forma duradera, aunque no puedas saber de antemano cuál es la mejor. De hecho, tampoco lo sabrás *a posteriori*, porque sean cuales sean las consecuencias, buenas o malas, de seguir un camino determinado, nunca podrás saber si seguir otro distinto te habría traído algo mejor o peor. Aun así, para avanzar debes elegir, y a continuación elegir de nuevo. Si el narrador de «El camino no elegido» no hubiera tomado conscientemente una decisión, habría tomado en su lugar otra distinta e inconsciente: la de quedarse de pie en esa bifurcación del camino, paralizado por la indecisión, esperando a que ocurriera algo.

Día 9

Acabar las cosas

Sobre la magia de terminar algo

> Cuando mi marido lava los trastes siempre deja algún chorro en el fregadero, alguna superficie sin limpiar. Intenté corregir ese comportamiento hasta que recordé que si termino con todo lo que tengo en mi carpeta de «Cosas pendientes» temo morirme.
>
> SARAH MANGUSO

Hay una energía misteriosa en el hecho de acabar las cosas. Al planteártelo de antemano, quizá des por sentado que llevar un proyecto hasta el final te dejará agotado, sobre todo si es uno que lleva tiempo rondando. Pero lo cierto es que completar un proyecto recarga las pilas, no las agota. Adquirir la costumbre de acabar lo que empiezas genera combustible para más productividad con sentido.

A los perfeccionistas les encanta emprender nuevos proyectos, porque el momento de empezar pertenece al reino de lo ilimitado: cuando todo está por hacer, sigue siendo posible creer que el resultado final estará a la altura del ideal que tienes en tu cabeza. Puedes recrearte en la sensación de potencial en estado puro; es como abrir las cortinas de niño, una mañana de fin de semana, y descubrir las calles y los jardines cubiertos de nieve. En cambio, completar algo significa seguir adelante arrastrando los pies cuando el proyecto ya es una realidad caótica e imperfecta; la analogía de infancia que me viene a la mente es el esfuerzo final que haces para acabar el trabajo de historia que tienes de deberes. (Y no porque no me gustaran los trabajos de historia: yo era un matado, y probablemente me la pasaba mejor haciéndolos que jugando en la nieve. Pero solo al empezar. Acabarlos, asqueado por el resultado de mis esfuerzos, me parecía una tortura).

La psicología social describe lo que ocurre en estos casos por medio del lenguaje de la «teoría de los niveles de conceptualización», que se refiere a la manera en que nos representamos los objetos y los acontecimientos a distintas alturas mentales. El ejemplo clásico son las vacaciones de verano. Piensa en cómo te gustaría pasar las tuyas el año que viene y es probable que te las imagines, metafóricamente hablando, a 10 000 kilómetros de altura: tal vez te veas «yendo a la playa» o «de excursión por la montaña» o «relajándote en familia». Pero cuando las vacaciones se acerquen, descenderás unos cuantos miles de kilómetros y empezarás a centrarte en los detalles: qué playa, qué ruta de montaña, qué restaurantes, etc. Del mismo modo, al principio de cualquier proyecto importante, vemos sus contornos, regulares aunque un poco borrosos; es solo al poner manos a la obra cuando empezamos a ver los defectos, las concesiones y el trabajo mecánico que conlleva. Será entonces cuando cometamos el error de imaginar que una nueva iniciativa estará libre de tales imperfecciones. Cuando, por supuesto, lo que hace que el nuevo proyecto nos llame más la atención es solo que estamos viéndolo a una distancia mental; no nos damos cuenta, en palabras del periodista especializado en psicología Jude King, de que «todo objetivo que valga la pena debe parecer difícil, poco glamuroso y poco sexy», al menos durante parte del tiempo que dediques a trabajar en él.

Y aun así, en realidad, empezar cosas una y otra vez pero no acabarlas casi nunca, o acabarlas solo cuando te obligan, es un desastre asegurado. Hace que termines menos cosas que valgan la pena, entre otras razones porque cuando llegas a una parte difícil de lo que sea que estés haciendo, hay otros varios proyectos a los que puedes huir. Nunca acumulas un historial de logros del que enorgullecerte, y no llegas a saber jamás las impresiones que podrían haberte hecho llegar los demás si hubieras compartido tu trabajo con ellos. Acabas despreciándote a ti mismo y sobrepasado por la cantidad de proyectos inacabados que tienes entre manos. Muchos creen que acabar las cosas «les restará aún más energía y se cansan solo de pensarlo», señala Steve Chandler. No se dan cuenta de que «dejar las cosas sin terminar es lo que provoca esos niveles bajos de energía». (Él sugiere dedicar un día entero a completar sistemáticamente tantos proyectos inacabados como puedas: «Observa al final de ese día cuánta energía tienes. Te sorprenderá»).

El truco para acabar las cosas cuando la perspectiva te resulte agobiante consiste en redefinir lo que cuenta como acabado. En lugar de ver la finalización de un proyecto como algo que ocurre solo de vez en cuando, tras días o semanas de trabajo, piensa en tus días como en la finalización secuencial de una serie de pequeñas «entregas». El término «entregas» forma parte del espantosísimo lenguaje empresarial, sí, y evoca ese entorno impersonal en el que la gente habla de subir a la nube aprendizajes críticos para el negocio y de preparar competencias básicas para el futuro. Pero justo por eso me gusta. Es tan monótono que le resta dramatismo al acto de acabar, y lo transforma en algo tan rutinario que podrías hacerlo todos los días.

Para definir tu próxima entrega, determina algún tipo de resultado que puedas obtener de una sola vez, ya sea en los próximos minutos o en una hora o dos como máximo. Luego trabaja hasta alcanzar esa meta. Si tienes que enviar un *e-mail* complicado, escríbelo y envíalo, en lugar de empezarlo y luego dejarlo como borrador. En el caso de proyectos más grandes, divídelos en partes: acabar de documentarte para la primera sección del informe; terminar los colores de pintura para el comedor; seleccionar un plan de entrenamiento y programar tu primera sesión en el gimnasio. Comienza y acaba con ello. Añádelo a tu lista de cosas hechas, si quieres. Y pasa a lo siguiente.

En cuanto le agarras el ritmo, terminar las cosas deja de ser un asunto de arrebatos de esfuerzo ocasionales y estresantes, y tus días pasan a consistir en trasladar paquetitos de trabajo claramente definido de tu mesa hacia afuera, en un proceso de lo más sencillo. Cada final te proporciona una recarga de energía que te lleva al siguiente. Sospecho que funciona tan bien porque implica actuar en armonía con la realidad: para los mortales, cada momento es de algún modo un punto final, que has vivido una vez y no vivirás más. Tratar lo que haces con tu tiempo como una secuencia de pequeñas finalizaciones es actuar en consonancia con la realidad.

«Cumple su obra sin complacencia», dice el *Tao Te Ching*. «Así esta no se desvanece». Ya no estás luchando contra la corriente, sino que te dejas llevar por ella. La vida así cuesta menos esfuerzo.

Día 10

Busca la tarea vital

Sobre lo que la realidad quiere

> Ir era morir, y quedarse era morir. Cuando llegamos a coyunturas como esa, es mejor que elijamos la muerte que engrandece en lugar de la que nos mantiene estancados.
>
> James Hollis

Hay una escena, al principio de la autobiografía de Carl Jung *Recuerdos, sueños, pensamientos*, en la que el futuro pionero de la psicoterapia está agazapado detrás de un arbusto entre la vegetación de la casa familiar en Suiza, escuchando a escondidas la conversación de su padre con un amigo. En ese momento, el adolescente Jung lleva seis meses sin ir a la escuela, por unos misteriosos desmayos relacionados de algún modo con su miedo cerval a las clases de matemáticas. Durante meses, ha disfrutado de no hacer nada. «Podía scr libre —recuerda—, soñar durante largas horas, estar junto al río en los bosques, o dibujar». Pero hace poco que empecé a tener la sensación de que quedándose en casa está, de algún modo, evitando la vida. «Me daba cuenta, de un modo vago, de que huía de mí mismo», reflexiona. Luego oye que el amigo le pregunta a su padre: «¿Qué le pasa a tu hijo?».

> Ay, es una triste historia. Los médicos no saben qué es lo que le sucede. Creen que quizá sea epilepsia. Sería terrible si resultara algo incurable. Ya perdí mis escasos ahorros y ¿qué sucederá con él si no puede ganarse la vida?

Jung recuerda sentirse «como alcanzado por un rayo» al oír esas palabras y saber de inmediato lo que le tocaba hacer. «Era el choque con la realidad. "Es verdad, hay que trabajar", me cruzó la mente. A partir de entonces me convertí en un niño serio. Fui al cuarto de estudio de mi padre, tomé un libro de gramática latina y comencé a estudiar con ahínco». Volvieron los desmayos, pero él no cejó en su empeño y al final desaparecieron. Según la experta jungiana Deborah Stewart, Jung se había dado cuenta de que retomar sus estudios era la «tarea vital esencial» a la que se enfrentaba. Se estaba poniendo a prueba su carácter, y él entendió que, si quería avanzar en la vida y no evitarla, había llegado la hora de que se pusiera manos a la obra.

Hay una pregunta que puede ser extraordinariamente poderosa, sobre todo cuando te encuentras dividido entre varias opciones, o entre las presiones externas y tus propias ambiciones, o eres incapaz, por cualquier otra razón, de averiguar qué hacer a continuación: ¿cuál es la tarea vital aquí? No hablo de lo que tú quieres. ¿Qué es lo que la vida quiere? (Y si la idea de que la «vida» pueda «querer» cosas te resulta imperdonablemente acientífica entonces tu tarea vital, durante los párrafos siguientes, es dejar a un lado tu escepticismo).

Sería fácil malinterpretar la anécdota de los arbustos y creer que es la historia de cómo Jung sucumbió a la presión parental o bien acató finalmente el mensaje de la sociedad de que el trabajo duro es siempre una virtud (un mensaje tan popular como cabe imaginar en el ambiente protestante suizo del siglo XIX en el que creció Jung). Pero no es eso lo que los jungianos entienden por tarea vital. Por definición, una tarea vital es algo que tu vida te pide; así que, aunque podría coincidir con las expectativas de tus padres, o con tus ideales sociales, también podría no hacerlo. En este caso, el momento de lucidez de Jung lo empujó en la dirección que su padre quería para él. Pero dar un paso al frente en tu tarea vital también podría querer decir ir en contra de las expectativas de los demás. A veces lo que toca hacer no es hincar los codos en los estudios, sino dejar la universidad.

¿Cómo identificar tu actual tarea vital? Debe ser siempre una cuestión de intuición. Pero hay dos señales que pueden ayudar. La primera es que una tarea vital será algo que puedas hacer «solo con esfuerzo y con dificultad», en palabras de Jung, y concretamente con esa sensación de «buena dificultad» que surge al resistirse a caer en la comodidad y la seguridad que prefieres por defecto. En palabras de otro jungiano, James Hollis, podría ser el tipo de iniciativa que te «engrandece», en lugar de hacer que te sientas bien inmediatamente. Aquí es donde tendrás que ser sincero contigo mismo. Para algunas personas, cumplir con una tarea vital podría querer decir tener la valentía de dejar una relación, o un trabajo. Pero quizá tú seas alguien que tienda a huir siempre de las situaciones difíciles; en ese caso, tu tarea podría consistir en tener la valentía de quedarte. Del mismo modo, podría querer decir dejar atrás tu vida para hacerte voluntario de ayuda humanitaria; aunque existe la posibilidad, igualmente incómoda, de que la voz que te dice que te hagas voluntario de ayuda humanitaria sea la voz internalizada de la moral social, esa que cree que sabe mejor que tú cuál debería ser tu forma de contribuir a la sociedad. Tal vez tu verdadera contribución sea diseñar joyas, o escribir canciones.

La segunda señal es que una verdadera tarea vital, aunque pueda ser difícil, será algo que estés en situación de hacer. Si solo tienes cincuenta dólares en el banco, tu tarea vital no requerirá la compra inmediata de un equipo para el rodaje de películas valorado en miles de dólares (aunque podría implicar hacer algo para conseguir el dinero). Si crías en solitario a tres hijos pequeños, no supondrá trabajar dieciocho horas al día para una *start-up* tecnológica; y, del mismo modo, si no puedes tener hijos, no conllevará ser padre biológico o madre biológica. Eso es algo que ayuda a distinguir la idea de una tarea vital de determinadas concepciones populares de «destino» o «vocación» que pueden hacer que haya personas que sientan que hay algo que deberían estar haciendo con su vida, si sus circunstancias vitales no se lo impidieran. No puede ser el caso de una tarea vital, que surge, por definición, de cualesquiera que sean tus circunstancias vitales. Es lo que se pide de ti, con tus capacidades, recursos y rasgos de personalidad particulares, en el lugar en el que te encuentras.

En cuanto a la cuestión de si todo esto no será charlatanería psicológica, vaga y acientífica, la respuesta es que no creo que importe. Preguntarte cuál podría ser tu tarea vital en un instante determinado es cambiar de perspectiva de un modo que hace posible que tus pensamientos viajen en nuevas direcciones. Te permite escarbar bajo la costra de suposiciones que, con demasiada facilidad, acaban gobernando una vida: la de que no tienes otra opción que seguir en tu trayectoria profesional actual, o la de que no deberías tomar decisiones que otros puedan desaprobar, o la de que estás obligado a hacer algo extraordinario con tu vida.

Lo más sorprendente es que, aunque puedas creer que cumplir con una tarea vital te resultará agobiante —estás «cumpliendo» con una «tarea», al fin y al cabo—, no lo será nunca. Hará que sientas que por fin entendiste de qué trata la vida, porque la vida a la que le estás haciendo la pregunta es la que ya tienes. Nunca se da el caso de que no haya otro paso que dar. A cierto nivel, creo que siempre sabemos cuándo estamos escondiéndonos en algún ámbito de la vida, huyendo de un desafío que la vida ha puesto ante nosotros. El objetivo de una pregunta como «¿Cuál es la tarea vital aquí?» no es más que llevar ese conocimiento a la luz del día de la conciencia, donde finalmente podamos hacer algo al respecto.

Día 11

Tú ve al cobertizo

Sobre llevarte bien con tus miedos

> No podemos cambiar nada a menos que lo aceptemos.
>
> C. G. Jung

Puede ser alarmante darse cuenta hasta qué punto la vida se ve condicionada por lo que tratamos activamente de evitar. Hablamos de «no tener tiempo para las cosas», como si fuera un mero fallo organizativo o de voluntad. Pero la verdad suele ser que dedicamos mucha energía a asegurarnos de nunca tener tiempo para ellas. Es lo de siempre: te produce ansiedad pensar en una tarea, o en todo un ámbito de la vida, así que los evitas. Te preocupa tener menos dinero en el banco del que crees, así que nunca consultas tu saldo. O temes que un dolor abdominal pueda ser un síntoma de algo grave, así que evitas ir al médico. O te preocupa que sacar un tema espinoso con tu pareja pueda desembocar en una pelea a gritos, así que no lo haces. Me he cachado a mí mismo evitando revisar mi bandeja de entrada por miedo a descubrir el mensaje de alguien a quien le debo una respuesta.

Desde la racionalidad, ese tipo de evitación no tiene el menor sentido. Si tu saldo bancario es de verdad alarmantemente bajo o el dolor un síntoma de algo grave, afrontar la situación es la única manera que tienes de empezar a hacer algo al respecto; y evitar tu bandeja de entrada solo hará que alguien, en algún momento, pierda seguro la paciencia ante tu falta de respuesta. Cuanto más organizas tu vida en torno a no abordar las cosas que te producen ansiedad, más probabilidades existen de que se conviertan en problemas reales; e incluso si eso no llega a pasar, cuanto más tardes en afrontarlas, más tiempo pasarás asustado por lo que quizá esté acechando en lugares a los que no quieres ir. Es irónico que a eso se le conozca, en los círculos de autoayuda, como «quedarte en tu zona de confort», porque no hay nada confortable en ello. De hecho, implica tolerar un constante malestar de fondo —una resaca de preocupación que a veces puede parecer útil o loable, aunque no lo sea— como el precio a pagar para evitar un pico más agudo de ansiedad.

Lo que he aprendido que debes hacer en esas situaciones es ir al cobertizo.

Supe de ese sistema para enfrentarse a la evitación a través de Paul Loomans, un monje zen holandés que lo cuenta en un precioso libro traducido al inglés con el título de *Time Surfing*. Loomans se refiere metafóricamente a las tareas o los ámbitos de tu vida que estás evitando con el apelativo de «ratas roedoras». Pero no le gusta lo que suele aconsejarse a la hora de lidiar con esas ratas, que es hacerles frente y encararse con ellas; dejarse de tonterías, en otras palabras, y atacar el problema a base de fuerza bruta. El problema es que eso no hace más que sustituir un tipo de relación de antagonismo con tus ratas roedoras («¡Apártense de mí!») por otra («¡Voy a destruirlas!»). Lo que a largo plazo solo lleva a más evitación, porque ¿quién quiere pasarse la vida luchando contra unas ratas? El sorprendente consejo de Loomans es que, en lugar de enfrentarte a las ratas, trates de llevarte bien con ellas. Fíjate bien en tus ratas roedoras. Entabla una relación con ellas.

Pero ¿cómo exactamente se forja una relación con una rata roedora metafórica? Una forma sería encontrando la forma menos intimidante de sentirse atrapado por ella, o pidiéndole ayuda a alguien. Pero también podría suponer hacer algo tan aparentemente pasivo e ineficaz como cerrar los ojos y visualizarse llevando a cabo una acción. Lo que buscas es una manera de «llegar allí» desde el punto de vista psicológico: empezar a aceptar, en el plano emocional, que la situación en cuestión ya forma parte de tu realidad, por mucho que no te guste. Loomans pone como ejemplo el caso de una persona que tiene un cobertizo abandonado y lleno de cháchara que se está convirtiendo en una fuente de ansiedad y de culpa cada vez mayores.

> El consejo en este caso es ve al cobertizo. No hagas nada todavía, solo echa un vistazo. Observa y evalúa la situación. Haz tuyo el espacio. Y [...] las primeras soluciones se presentarán solas. Determinados objetos cambiarán de manos, los donarás a otras personas. Otros esperarán hasta ese sábado por la tarde en el que te dirás: «Y ahora es momento de limpiar el cobertizo». Ya dejaste de temerle, de hecho, lo esperas con ganas.

Vale la pena señalar, creo, que con «llevarte bien con tus ratas» no se está diciendo lo mismo que con el consejo, algo trillado, de dividir una tarea intimidante en pedazos más pequeños y manejables. Haciendo eso reduces la ansiedad que sientes a fuerza de reducir la magnitud de la amenaza; es como separar una rata del resto de la colonia para matarla a cuchilladas más fácilmente. No, llevarte bien con la rata es calmar la ansiedad que sientes transformando el tipo de relación que tienes con ella. Convirtiéndola en una parte inocua de tu realidad. Tras lo cual una rata roedora pasa a ser, en la terminología de Loomans, una «oveja blanca», una criatura mullida, dócil e inofensiva que te sigue a todas partes hasta que decides hacer algo al respecto. Todo el mundo tiene una serie de proyectos aún no empezados o aún no terminados a los que debería dirigir su atención, porque esa es la naturaleza de ser un ser humano mortal. Pero no hay necesidad de que te atormenten. Una vez que has establecido una relación con ellos, se convierten en ovejas blancas, y pueden esperar pacientemente su turno.

Un sistema muy práctico de llevarse bien con una rata roedora es preguntarse a uno mismo qué es lo que verdaderamente estaría dispuesto a hacer para afrontar un reto que lo atemoriza. A principios de la década de los setenta, la psicóloga cognitiva Virginia Valian se sentía tan paralizada por la ansiedad laboral que era incapaz de escribir una palabra de su tesis doctoral. Hasta que dejó de intentar obligarse a trabajar de la manera en que pensaba que tenía que hacerlo y se preguntó cuánto tiempo estaba preparada para dedicarle a diario:

> Lo hablé con J, el hombre con el que vivía, y propuso tres horas. ¡Tres horas! La sola idea me producía un ataque de ansiedad. ¿Qué tal dos horas? ¡Dos horas! La sola idea... ¿Una

hora? Mejor, pero igualmente imposible. ¿Media hora? Caliente, caliente, pero seguía siendo demasiado. ¿Quince minutos? Quince minutos. Esa sí era una cifra que podía imaginar. Una bonita y sólida cantidad de tiempo, una cantidad de tiempo con la que sabía que podría cumplir cada día.

La gente se reía cuando Valian les hablaba de su plan de quince minutos al día, porque sonaba tristísimo. Pero, de hecho, era todo lo contrario. Preguntarse a uno mismo lo que de verdad supondría llevarse bien con las ratas roedoras de su vida es un acto que exige verdadero valor; más valor, quizá, que el enfoque beligerante convencional, que, más que reconciliarte con la realidad, parece querer que te pelees a puñetazos con ella. La de llevarte bien con tus ratas es una estrategia amable, pero que no tiene nada de sumisa. Es una manera pragmática de maximizar tu margen de maniobra y tu capacidad de hacer progresos en el trabajo que es importante para ti a fuerza de hacer que cada vez estés más dispuesto a reconocer que las cosas son como son, te guste o no.

Día 12

Reglas al servicio de la vida

Sobre hacer algo más o menos a diario

> Aunque leemos que el vino en modo alguno es propio de los monjes, como en nuestros tiempos no se les puede persuadir de ello, convengamos al menos en no beber hasta la saciedad sino moderadamente...
>
> Regla de san Benito

Tuve una vez la oportunidad de entrevistar a Jerry Seinfeld, así que, por supuesto, le pregunté por la «estrategia Seinfeld», el célebre secreto de productividad que en teoría estaba detrás de su prolífica carrera como escritor de comedia y de su éxito mundial. La técnica básica es la siguiente: cada día en el que has dedicado al menos un ratito a tu principal objetivo creativo —en el caso de Seinfeld, escribir chistes para sus monólogos— marcas una gran equis roja en tu calendario. Hazlo todos los días y una semana o dos después tendrás una satisfactoria cadena de equis. A partir de ahí, la regla es no romper la cadena. Yo quería saber cómo se le había ocurrido a Seinfeld esa idea, que a aquellas alturas había generado cientos de artículos y de publicaciones elogiosas, y que había dado origen a varias aplicaciones diseñadas para aplicar digitalmente el sistema. Para ser sinceros, también medio esperaba que me diera algún detalle extra adicional, un ajuste o mejora de la técnica que pudiera utilizar para potenciar su eficacia.

Resultó que la «estrategia Seinfeld» había sido un comentario dicho de pasada a un aspirante a humorista, una noche de hacía décadas, en un club de comedia, y que luego olvidó por completo.

«¡Es una tontería tan grande que ni merece la pena comentarlo!», me dijo Seinfeld. «Si, por ejemplo, te gusta correr y quieres mejorar como corredor, te dices: "¡Bueno, correré cada día, y marcaré con una equis en el calendario cada día que salga a correr!". No puedo creer que esa fuera una idea novedosa para alguien. ¿De verdad hay alguien que piensa "Me quedaré sentado sin hacer nada y el trabajo se hará solo"?». En el mundillo de la productividad personal, la estrategia Seinfeld era el equivalente a la idea de que debes trabajar en tu proyecto principal todos los días sin falta. Pero la postura real de Seinfeld era la más evidente de que si quieres ser bueno en algo debes practicarlo mucho, de preferencia la mayoría de los días.

Una regla mucho mejor —una, de hecho, que refleja con mayor precisión el modo en que aborda Seinfeld su trabajo— es la de hacer las cosas «más o menos a diario». Le tomo prestada la expresión a Dan Harris, el presentador del pódcast de meditación *Ten Percent Happier*, que la utiliza siempre que alguien le pregunta con qué frecuencia debería meditar. Si eres una persona ambiciosa, decir «más o menos a diario» quizá te parezca autocomplaciente. No lo es. Si acaso, es la estrategia Seinfeld la que es autocomplaciente, porque, en el momento en el que la pones en marcha, estás dando por supuesto que vas a ser capaz de cumplirla a rajatabla, día tras día, pese a que, si te paras a pensarlo, seguramente te darás cuenta de que tu vida es demasiado impredecible para eso, y tu ánimo con frecuencia una montaña rusa. «Más o menos a diario» es una regla mucho más resiliente: no es una rutina en la que haya tanto en juego, en la que un error pueda acabar con todo. Aunque, desde una perspectiva emocional, es una regla que no es fácil seguir, porque hacer algo más o menos a diario requiere sacrificar tus fantasías de perfección a cambio de la incómoda experiencia de llevar a cabo progresos concretos e imperfectos, aquí y ahora. En cualquier caso, «más o menos a diario» no es sinónimo de «hazlo cuando te apetezca». Tú sabes, en el fondo, que hacer algo dos veces por semana no es hacerlo «más o menos a diario», mientras que cinco veces por semana sí lo es y, en temporadas de más estrés, tres o cuatro veces por semana igual también. Así que la presión sigue estando ahí. Pero lo que no estás haciendo es esperar que la regla, de algún modo, fuerce la acción.

Y esa es la distinción clave, me parece: el atractivo tácito de muchos de los consejos sobre productividad —incluida, claro, la estrategia Seinfeld— reside en la idea fascinante de que pueda haber una regla, o un conjunto de reglas, que fuercen el cumplimiento del logro, haciéndolo inevitable y automático. Ansiamos una regla así, en general no porque seamos flojos, sino porque no confiamos en ser capaces de hacer lo que necesitamos hacer sin ella. Puede que no estés seguro de si sabrás cómo hacer tu trabajo, así que esperas que seguir al dedillo una regla sirva como sustituto de ese conocimiento que te falta. Puede que seas un perfeccionista de los que se autoflagelan y se exigen a sí mismos un historial impecable, así que quieres una regla que te garantice que nunca meterás la pata. O puede que en realidad no quieras hacer tu trabajo, pero creas que deberías querer hacerlo, así que estás buscando un sistema para hacer realidad a la fuerza el deseo ausente. Queremos una regla que cargue por nosotros con el peso de vivir. Es un *quid pro quo*: la cumpliremos religiosamente y, a cambio, no tendremos que asumir solos la responsabilidad de sacarle siempre el máximo partido a nuestra vida.

Sin embargo, si lo pensamos bien, una regla así es imposible que exista; por más que a veces deseemos externalizar la tarea de vivir, no podemos hacerlo. Piénsalo: incluso la persona que más se aferra a las reglas, que con más diligencia se impone un complicado horario o un conjunto de pautas de comportamiento, está tomando la decisión de seguirlas a cada momento. Siempre podría optar por no hacerlo. Te guste o no, siempre estás al mando del kayak.

San Benito de Nursia, cuya regla para la organización de la vida comunitaria de un monasterio cristiano sigue rigiendo muchas órdenes católicas hoy en día, parece haber tenido una revelación de ese tipo al llegar a la mediana edad. Benito quiso crear comunidades monásticas a manera de baluartes contra la inmoralidad de la Europa del siglo VI, que lo tenía horrorizado. Pero sus primeros intentos lo llevaron a cambiar radicalmente la forma de afrontar su objetivo. Según se cuenta, Benito, siendo un joven piadoso, organizó a un grupo de monjes novicios bajo un régimen de reglas tan exigente que varios de ellos se conjuraron para tratar de envenenarlo, no una sino dos veces. En cambio, la regla de san Benito, la que escribió en su vejez y aún se utiliza, sigue siendo relevante porque es un modelo de moderación que combina con elegancia la necesidad de orden con la necesidad de libertad individual, y la necesidad del monje de soledad con la necesidad universal del ser humano de tener una vida social. Reconoce también, en el maravillosamente tolerante pasaje citado con anterioridad, que los monjes, como muchos de nosotros, disfrutan bebiendo de vez en cuando. En algún momento después de aquellos envenenamientos, Benito, al parecer, entendió que no se trata de estar toda la vida al servicio de las reglas, sino de que las reglas estén al servicio de la vida.

«Más o menos a diario» lo hace. Al no insistir en que hagas algo absolutamente todos los días, desplaza la atención lejos de la cuestión —en última instancia sin sentido— de si conseguiste o no una cadena ininterrumpida de equis, y lo pone de nuevo sobre la vida a la que se supone que está sirviendo, y sobre aquello que estás intentando que se haga realidad, ya sea un texto literario, una obra de arte, una familia feliz, un cuerpo más sano o cualquier otra cosa. De todos modos, ¿es que alguien cree de verdad que Jerry Seinfeld debe su éxito a la práctica asidua de una técnica de productividad con la que dio por casualidad? Claro que no. Se lo debe al talento, y quizá a una pizca de suerte y luego a la voluntad de seguir desarrollando ese talento, si no todos los días sí la mayoría, en el contexto impredecible de su vida real. Obviamente, el objetivo nunca fue una cadena de equis rojas. Fue hacer reír a los demás.

Día 13

Tres horas

Sobre cómo centrarse en medio del caos

> Todas las mañanas, por lo tanto, a eso de las 9:30, después de desayunar, los dos, como movidos por una ley de naturaleza incuestionable, íbamos y «trabajábamos» hasta la una, que era la hora de comer. Es sorprendente lo mucho que uno puede producir en un año, ya sean panecillos, libros, macetas o cuadros, si trabaja con ahínco y profesionalidad durante tres horas y media, cada día, 330 días [al año]. Por eso, pese a sus discapacidades, Virginia fue capaz de producir tantísimo.
>
> Leonard Woolf

Si las reglas deben estar al servicio de la vida, y no al revés, debería esperarse que no hubiera demasiadas reglas universalmente válidas sobre cómo sacarle el máximo partido a tu tiempo. La vida de cada uno es diferente, a fin de cuentas, y no hay vida que no experimente cambios con el paso del tiempo. Aun así, hay una regla que se acerca a ese objetivo.

Si eres un «trabajador del conocimiento» —es decir, si te pasas el día haciendo cosas con ordenadores, palabras e ideas, en lugar de, por ejemplo, construyendo casas con ladrillos— llegarás más lejos, y cubrirás más terreno, si no superas las tres o cuatro horas diarias de concentración mental intensa.

Resulta un poco inquietante, la verdad, la frecuencia con la que ese rango concreto de horas aparece en los relatos históricos de las rutinas diarias de artistas, escritores, científicos, compositores y demás. Está Charles Darwin, que trabajaba en la teoría de la selección natural en su estudio de Down House, a las afueras de Londres, concentrándose durante dos periodos de noventa minutos y uno de una hora cada día; y Virginia Woolf, que escribía durante tres horas y media, tras un desayuno relajado, y de su pluma salieron nueve novelas, unos cincuenta cuentos, tres libros de ensayo y muchas otras obras más breves, pese a que puso fin a su vida a los cincuenta y nueve años. El matemático Henri Poincaré se concentraba intensamente de diez a doce de la mañana, y de cinco a siete de la tarde, y luego daba por terminada la jornada. Charles Dickens, Thomas Jefferson, Alice Munro y J. G. Ballard trabajaban concentrando toda su atención durante una franja similar de tiempo, igual que Anthony Trollope, que aseguraba —con cierta suficiencia— que era capaz de escribir 250 palabras cada quince minutos durante las tres horas que dedicaba a ello cada mañana antes de dirigirse a su trabajo en la oficina de correos. «Tres horas al día —observaba Trollope— bastan para todo lo que un hombre tiene que escribir». Varios de esos ejemplos proceden del libro de Alex Pang *Rest*, que menciona muchos otros y recopila varios estudios científicos que ayudan a explicar el porqué: porque concentrarse intensamente consume energía, porque es más eficaz concentrarse de ese modo durante tus horas de mayor productividad en lugar de hacerlo a medias durante todo el día, y porque la creatividad parece depender en parte de procesos que tienen lugar en el cerebro cuando no está concentrado. (Limitar el tiempo asignado a un trabajo de alta exigencia ayuda también a sentirse menos intimidado o tiranizado por él, que es lo que hace que algunas personas procrastinen).

No tendría mucho sentido que tratáramos de emular la rutina diaria completa de cualquiera de esas figuras, la mayoría de las cuales tenía séquitos de sirvientes, o/y una esposa, que se ocupaban de los asuntos cotidianos para que ellos pudieran dedicar una gran parte de su tiempo a pasear por el campo, jugar al tenis o beber cocteles. Pero la casi uniformidad de sus horas de concentración profunda apunta a lo que he decidido llamar la «regla de las tres a cuatro horas» para realizar un trabajo creativo. Tiene dos partes. La primera es intentar —hasta donde tu situación te lo permita— blindar un periodo de tres o cuatro horas al día libre de compromisos o interrupciones. La segunda parte, igualmente importante, consiste en no preocuparse por imponerle un orden excesivo al resto del día, y aceptar que las demás horas probablemente se caracterizarán por el caos fragmentario habitual de la vida.

Este enfoque tan sencillo condensa más conocimiento sobre la aceptación de los límites de lo que pueda parecer en un principio. Para empezar, constata la realidad de que la mayoría de nosotros no tenemos capacidad más que para unas cuantas horas de concentración intensa al día. Pero también respeta nuestros límites de otro modo importante, porque te libera de la inútil lucha perfeccionista de intentar que el día entero se desarrolle según tus deseos. Respeta el hecho de que tu trabajo exige concentración, pero, al mismo tiempo, evita que tengas que pasar la mayor parte de tus horas en una postura defensiva, preparado para enfrentarte a cada nuevo *e-mail*, llamada de teléfono o encuentro fortuito en el pasillo.

Aunque el principal efecto de la regla podría ser la manera en que limita la posibilidad de ir con prisas. Va en contra de la omnipresente ansia moderna de hacer todo lo posible lo más rápido posible, que obedece a la voz interior que te susurra que, quizá, si trabajaras a toda máquina durante un breve periodo, podrías tenerlo todo al día de una vez por todas. Ese enfoque está abocado al fracaso, y no solo porque el descanso y el buen humor son fundamentales para llevar a cabo un trabajo continuado y fructífero. Las palabras del economista Adam Smith, aquí dando consejos a los «patronos» de los «obreros», son válidas también en referencia a la cuestión de cuánto exigirse a uno mismo:

> Si los patronos prestaran oídos a los dictados de la razón y la humanidad, tratarían de moderar más que de animar la diligencia de muchos de sus obreros. Nos parece ser una cosa evidente en toda especie de labor que el hombre que trabaja con la debida moderación, a fin de hacerlo con constancia, no solo conserva más tiempo su salud, sino que, en el curso del año, hace más labor que el que con exceso se dedica a ella.

La regla de las tres a cuatro horas funciona también a modo de recordatorio del hecho cierto de que para los mortales el trabajo no se acaba nunca. Un aspecto fundamental de la tradición judía y cristiana del *sabbat* es que tienes que parar, pase lo que pase; no porque hayas terminado, sino porque ha llegado la hora de parar. Hasta qué punto puedas dejar de lado la cultura de la sobrecarga de trabajo dependerá de tus circunstancias, claro. Pero, más allá del contexto, puedes decidir no colaborar psicológicamente con esa cultura. Puedes dejar de lado el engaño de que, si pudieras concentrarte un par de horas más, estarías finalmente en posición de tenerlo todo bajo control. Lo verdaderamente valioso es lo que la regla de las tres a cuatro horas ayuda a inculcar: no la capacidad de exigirse más, sino la de parar y recuperarse, pese a la incomodidad de saber que el trabajo queda inacabado.

Ese es el espíritu encarnado por un monje del monasterio de Cristo en el Desierto, en Nuevo México, entrevistado por el escritor Jonathan Malesic para su libro *The End of the Burnout*. El horario de trabajo de los monjes acaba cada día a las 12:40 del día (seguro que adivinas cuándo empieza: unas tres horas antes):

> Le pregunté al padre Simeon, un monje que hablaba con una seguridad en sí fruto de los años que había dedicado a ejercer la abogacía, qué se hace cuando suena la campana de las 12:40 pero uno siente que no ha acabado el trabajo.
>
> —Superarlo —contestó.

Día 14

Encontrarle la gracia a los problemas

Sobre nunca lograr estar libre de preocupaciones

Tras las montañas, más montañas.

Proverbio haitiano

«¡Siempre pasa algo!», solía decir la comediante estadounidense Gilda Radner, y su declarada postura hacia el cáncer que acabó matándola. El humor judío refleja como ninguno esa aceptación sardónica de las dificultades de la vida, pero está lejos de ser un encogerse de hombros resignado: transmite el entendimiento profundo de que vivir, fundamentalmente, consiste en lidiar con los problemas. Es verdad que siempre pasa algo, incluso aunque, la mayoría de las veces, por suerte, sea algo menos alarmante que un diagnóstico de cáncer. El truco está en aprender a apreciar la situación por la broma cósmica, y la realidad cotidiana, que es.

El escritor y presentador de pódcast Sam Harris recuerda estar comiendo con una amiga y quejándose de varios problemas que tenía en el trabajo cuando ella lo interrumpió en medio de su perorata. «¿Esperabas de verdad dejar de tener problemas en algún momento de tu vida?», le preguntó. Harris se dio cuenta, sobresaltado, de que había estado procediendo inconscientemente sobre la base de que llegaría un momento así. «Estaba dando tácitamente por sentado que debía ser capaz de solucionar todos mis problemas —recordaba tiempo después—. Aunque suene ridículo, estaba implícito en mi mentalidad y en mi vida emocional, y en mi manera de afrontar cada nuevo problema».

Seguro que no es el único. Sospecho que la mayoría de nosotros, salvo quizá los muy zen o los muy mayores, encaramos nuestro día a día creyendo también, de forma en gran medida inconsciente, que en algún momento —puede que no en un futuro cercano, pero sí a la larga— llegaremos a una fase de la vida en la que no tendremos que enfrentarnos con un rosario infinito de asuntos con los que lidiar. La desafortunada consecuencia es que experimentamos nuestros problemas cotidianos —las facturas que hay que pagar, los pequeños conflictos por resolver, cada pequeño impedimento que se interpone entre nosotros y la consecución de nuestros objetivos— como doblemente problemáticos. En primer lugar, está el problema en sí. Pero luego está la forma en la que la existencia misma de cualquier problema hace mella en nuestro anhelo de sentirnos perfectamente seguros y con todo bajo control. Así que nos pasamos la vida asomados al futuro, juzgando inconscientemente lo que sea que esté ocurriendo como en gran parte defectuoso, porque está plagado de problemas. Y seguramente juzgándonos a nosotros mismos también defectuosos, porque, si no, a estas alturas ya habríamos averiguado la forma de hacer desaparecer esos problemas. Cuando la realidad, sostiene Harris, es que:

La vida es una interminable sucesión de complicaciones, así que no tiene ningún sentido sorprenderse por la llegada de la siguiente. La magnitud del problema tal vez te sorprenda, pero el hecho de que minuto a minuto surjan nuevas complicaciones en tu vida es totalmente previsible.

No hace falta reflexionar durante mucho tiempo sobre las limitaciones del ser humano para darse cuenta de que todos nuestros problemas se derivan de nuestra finitud; «problema», en el plano más abstracto, no es más que la palabra con la que describimos cualquier situación en la que nos enfrentamos a los límites de nuestra capacidad para controlar cómo se desarrollan las cosas. (Podemos superar cualquier problema, por supuesto; pero, si tuviéramos un control total, nunca nos enfrentaríamos a ninguno para empezar). Basta con reflexionar un poco más para ver que no querríamos que la vida fuera de otro modo. No estaría mal poder saltarse los problemas más alarmantes o agobiantes. Pero no enfrentarse a ningún problema en absoluto nos dejaría sin nada importante que hacer; incluso podría decirse que enfrentarte a tus limitaciones, y averiguar cómo responder a ellas, es precisamente lo que hace que una vida tenga sentido y resulte gratificante. Las actividades de ocio a las que muchos de nosotros nos dedicamos tras una jornada laboral agobiados por nuestros problemas son una buena pista de ello: jugamos a juegos de mesa, o miramos series policiacas, o aprendemos a tocar instrumentos musicales o intentamos cocinar nuevas recetas; actividades que no tendrían nada de divertido si no fuera porque tienen un componente de resolución de problemas.

Cuando me dejo invadir por la idea de que una realidad sin problemas podría nunca llegar, lo primero que me pasa es que me pongo de mal humor: «¡Oye, esto no es en lo que habíamos quedado!». Pero enseguida noto cómo me destenso. Al no tener que batallar contra el hecho mismo de tener problemas, porque esa es una batalla que no ganaré nunca, puedo sumergirme más de lleno, incluso con entusiasmo, en los problemas que ya tengo. Puedo dejar de lado el intento —absurdo para los mortales, para quienes el tiempo es tan valioso— de quitarme el presente de en medio, de camino hacia un futuro sin problemas. Soy libre de aspirar no a una vida sin problemas, sino a una vida de problemas cada vez más interesantes y absorbentes.

Una amiga mía recuerda con total claridad el fantástico momento en el que, sintiéndose, como Harris, abrumada por la infinidad de problemas que parecían impedirle realizar su trabajo, cayó en la cuenta de que los problemas eran el trabajo. Cualquier persona, o cualquier programa informático, podría hacer su trabajo, si no fuera por los problemas. Su particular contribución residía en su capacidad para resolverlos.

Tras las montañas hay siempre más montañas, al menos hasta llegar a la última montaña antes de que tu tiempo en la tierra llegue a su fin. Entretanto, pocas cosas hay más estimulantes que el montañismo.

Semana III

SOLTAR

Una vida sin trabas de ningún tipo se manifiesta como pura actividad.

Kōshō Uchiyama

Día 15

¿Y si esto fuera fácil?

Sobre el falso atractivo del esfuerzo

> No todo lo que es más difícil es más meritorio.
>
> SANTO TOMÁS DE AQUINO (atribuido)

Hace años, durante el proceso de documentación para un libro sobre las trampas del pensamiento positivo, asistí a un seminario motivacional en un pabellón de baloncesto de Texas con el muy apropiado título de *¡Motívate!* No hace falta decir que fue absolutamente insoportable. (Yo ya sospechaba que lo sería, la verdad; por eso fui). Se nos animó, con fuegos artificiales estallando en el escenario, luces de discoteca lanzando destellos y una animada música rock saliendo de los altavoces, a saltar de nuestros asientos y expresar a voz en cuello lo motivados que estábamos. Pedirle a un británico que haga algo así, es, por supuesto, una forma de tortura; y el día no mejoró cuando el pastor de una megaiglesia subió al estrado para ordenarnos que elimináramos la palabra «imposible» de nuestro vocabulario. Pero no fue hasta más tarde cuando me di cuenta de que el problema no era solo la cursilería simplista de *¡Motívate!* Tenía que ver con toda esa idea subyacente de «motivación».

En la primera semana del viaje esbozado en este libro, exploramos los beneficios de afrontar la realidad de nuestra finitud en un mundo en el que el agobio y la distracción amenazan constantemente con hacernos descarrilar; en la segunda, compartí contigo las ideas que me han resultado más útiles a la hora de emprender acciones audaces e imperfectas en tanto que ser humano mortal. Pero todos esos consejos entrañan un peligro: existe el riesgo de dar a entender que llegar a hacer algo significativo es necesariamente un reto difícil o complejo. (Si fuera simple y fácil, ¿para qué alguien necesitaría consejos?). Y, en determinado sentido, para los mortales, la vida es sin duda alguna un reto difícil: dispones de un tiempo y un control limitados, lo que exige tomar decisiones complicadas y desarrollar una cierta tolerancia hacia la imperfección y la incertidumbre. Pero también es verdad que, a menudo, el verdadero reto, para cualquiera que quiera tener una vida plena y absorbente, es aprender a soltar; no forzar que pasen cosas, por medio de empeño o de esfuerzo, sino cultivar la disposición a apartarse del camino y dejar que pasen por sí solas. Ese es nuestro objetivo de esta semana.

Piensa en el modelo básico de naturaleza humana implícito en un seminario como *¡Motívate!* y en la idea de que las acciones que valen la pena son aquellas que tienes que «motivarte» para hacer. Es una idea que presupone que tendrás que azuzarte a ti mismo, que deberás proveerte de la cantidad necesaria de energía y de autodisciplina si quieres evitar volver a caer en la lasitud y la pérdida de tiempo de tu configuración de fábrica. (Podría presuponer también que necesitarás reabastecerte regularmente de todo ello, lo que difícilmente será un problema, desde el punto de vista comercial, para los proveedores de seminarios motivacionales, libros y demás). Los logros significativos, visto así, requieren esfuerzo. Y llenarte de motivación es una forma importante de prestarte a hacer ese esfuerzo, y de ser capaz de hacerlo.

A primera vista, eso parece plausible, si bien un poco exigente. Pero, en realidad, como forma de plantear tu relación con la actividad, es un desastre. Definir las tareas significativas como aquellas que siempre requieren esfuerzo, y a ti como el tipo de persona que necesita que la empujen y le insistan para hacerlas, hace de la vida cotidiana una batalla interna continua entre el tipo de personas que querrías ser —enérgica, productiva— y el tipo de persona que en el fondo temes ser: propensa a recaer a la primera oportunidad.

Ir por la vida con ese espíritu provoca múltiples problemas, y el más evidente es que hace que sea mucho menos probable que acabes haciendo cosas satisfactorias que de otro modo habrías hecho y que habrían sido fáciles, y solo porque te convenciste a ti mismo de que no lo serán. (Organizar un encuentro social, diseñar una página de destino para tu negocio, comprar unos billetes para un viaje: en principio, ninguna de esas cosas debería llevarte mucho tiempo; esa sensación de necesitar salvar un inminente obstáculo de esfuerzo podría basarse en una ilusión). Además, en esas ocasiones en las que sí pasas a la acción lo haces con más empeño y más nervios de lo que realmente es necesario, porque tienes la sensación de que «hacer el esfuerzo» es algo de por sí virtuoso. Ese es un mensaje que empezamos a recibir a una edad temprana: «Mi madre se enfadaba mucho con lo que ella veía como desgano en mi forma de actuar», puede leerse en un fantástico comentario anónimo a un artículo de la columnista Carolyn Hax en *The Washington Post*. «Tengo ahora cuarenta y ocho años, un doctorado y una carrera profesional próspera e influyente, y sigo pensando que hay muy pocas cosas que merezcan que les dedique todas mis ganas. No se me antoja quemarme poniéndoles muchas ganas a cosas que ya estarán bien si les dedico la mitad o un cuarto de ganas. Ser capaz de economizar al máximo las ganas es una habilidad importante en un adulto».

El peligro final en la idea de que si algo importa debe costar esfuerzo es que, por medio de una lógica inversa en apariencia razonable pero absolutamente falaz, lleva a presuponer que cualquier cosa que cueste un esfuerzo debe ser importante. Al desplomarte en el sillón al final de un largo día dedicado a limpiar a fondo tu casa o a organizar todos tus archivos digitales en una jerarquía ordenada de carpetas, es fácil llegar a la conclusión de que debes de haber empleado bien tu tiempo: ¡fíjate en lo cansado que estás! Pero quizá tu casa podría haber aguantado otro mes sin una limpieza a fondo. Y quizá no deberías haberte molestado en organizar tus archivos, porque la función de búsqueda de tu ordenador es más que suficiente para localizar cualquier documento que necesites.

Así que en lugar de tratar de averiguar cómo hacer acopio de energía o de motivación o de autodisciplina para hacer algo que es importante para ti, a menudo es más útil preguntarse: ¿y si esto fuera mucho más fácil de lo que había pensado?

Irónicamente, esa no suele ser una pregunta que sea fácil hacerse. Te invade la sensación de hacer trampa; o al menos te parece evidente que el resultado que obtendrías, si decidieras afrontar la vida de ese modo, carecería de valor. Así que hace falta armarse de valor: tienes que «estar dispuesto a dejar que sea fácil», en palabras de Elizabeth Gilbert. Sin duda, muchas tareas y situaciones son legítimamente difíciles en sí mismas, incluso abrumadoras. De lo que se trata no es de negar esa realidad, sino de evitar empeorarla y, en concreto, de no convertir el hecho de que la vida pueda ser difícil en una declaración de incompetencia por tu parte. El emprendedor y *podcaster* Tim Ferris plantea la pregunta de un modo ligeramente distinto: «¿Cómo sería esto si fuera fácil?». Lo cual pone el foco en los detalles concretos, en las acciones que puedes llevar a cabo, y por supuesto la idea no es imaginar una dimensión paralela en la que una tarea pueda ser fácil, sino permitirte contemplar la posibilidad de que en realidad quizá sea fácil en esta. La autora *new age* Julia Rogers Hamrick escribió un libro, *Choosing Easy World*, en el que sostiene que es tan fácil como repetir un mantra: «Elijo vivir en el Mundo Fácil, donde todo es fácil». Cuando te veas ante una tarea titánica, decide que esta vez vas a actuar como si fuera fácil. Sé que suena a negación de las limitaciones humanas de la peor clase, como si pudieras salirte con la tuya con solo ordenarle al universo que se alinee con tus deseos. La cuestión es que puede resultar ser sorprendentemente eficaz, porque funciona no como una orden mística dirigida al universo, sino como una forma de recordarte a ti mismo que no debes caer en el viejo hábito de añadir dificultades o sensaciones de esfuerzo desagradable cuando no hay necesidad de que las haya.

Y eso es algo que hacemos a todas horas. Cuando no consigo ponerme manos a la obra en cuestiones que son importantes para mí, a veces la razón es que no tuve tiempo o me faltó fuerza de voluntad. Pero es igual de probable que se deba a que me he asustado a mí mismo con visiones del resultado perfecto que creía que debía alcanzar, o con suposiciones sobre las dificultades que entrañaba, cerrándole el paso, por lo tanto, a una acción que de otro modo habría fluido de forma natural. Por ejemplo, yo por lo visto tengo que aprender una y otra vez la lección de que, cuando estoy preparándome para dar una charla, lo mejor que puedo hacer es salir a dar una vuelta con una libreta, hacer una lista de los argumentos que me parecen más convincentes, ponerlos en un orden que tenga sentido y luego ensayar unas cuantas veces, las suficientes para familiarizarme con la charla, pero no tantas que acabe resultando poco natural o parezca memorizada. Esforzarme más que eso es buscarme problemas: el resultado final será peor. Y recuerdo perfectamente el momento en el que me di cuenta de que había estado complicando de más la fiesta del quinto cumpleaños de mi hijo, que empezaba a parecer una misión de lo más estresante. Lo que en realidad señalaba el estrés era que el proyecto era importante para mí, lo que es muy distinto que decir que debía resultar complejo o requerir mucho esfuerzo. Me gusta este ejemplo porque hay pocas cosas menos difíciles que conseguir que la fiesta de cumpleaños de un niño de cinco años sea un éxito. No es un público exigente. Si eres capaz de juntar pizza y helado y encargar unos balones con LED por internet, lo verdaderamente difícil sería regarla.

Día 16

La regla de oro inversa

Sobre no ser tu propio peor enemigo

> Si conociéramos a ese individuo en una situación social, a ese personaje acusador, a ese crítico interno, a ese implacable buscador de defectos, pensaríamos que esa persona no está bien. Nos parecería aburrida y cruel. Creeríamos que algo terrible le ha pasado, que sufre las consecuencias, los efectos colaterales de alguna catástrofe. Y estaríamos en lo cierto.
>
> ADAM PHILLIPS

Llegados a este punto, vale la pena que nos enfrentemos a lo que en el fondo casi siempre tiene la culpa de que a veces pongas piedras en el camino y te hagas las cosas más difíciles de lo que deberían ser, que es la falta de autocompasión. Ha llegado la hora de hablar de ser más amable contigo mismo. Lo sé, lo sé. A mí también me da repelús. Pero me temo que justo por eso hay que abordar el tema.

He recopilado durante años citas que condensaran el enfoque que quería adoptar hacia el logro de objetivos importantes, que era sensato, práctico y sin pretensiones. Uno de los ejemplos más conocidos procede del artista Chuck Close: «La inspiración es para los aficionados: los demás vamos allí y nos ponemos a trabajar». Al coreógrafo George Balanchine le gustaba decir que «mi musa acude a mí a las horas aprobadas por el sindicato», porque debía estar listo para trabajar cuando sus bailarines estuvieran allí preparados para aprenderse la coreografía. Y hay una frase atribuida a William Faulkner y W. Somerset Maugham que seguramente roce lo arrogante, pero que viene a decir lo mismo: «Yo solo escribo cuando me viene la inspiración. Por suerte, viene cada mañana a las nueve». Ese era el tipo de persona que yo quería ser: de las que se ponen manos a la obra, independientemente de lo inspirado o entusiasmado que me sienta en cada momento.

No cabe duda de que ese enfoque tiene cierto sentido: ayuda a desdramatizar determinadas actividades, especialmente aquellas a las que les ponemos la intimidante etiqueta de «creativas», haciendo más fácil sobreponerse a uno mismo y pasar a la acción. En apariencia, parece encarnar el espíritu del imperfeccionismo. Es solo que a mí nunca me ha funcionado demasiado bien, y un día descubrí una entrada de un blog, escrito por la profesora de meditación Susan Piver, que me ayudó a entender por qué. Ya solo por el título, que era: «Haz más fustigándote menos». A Piver también le gustaba, al menos sobre el papel, la filosofía de Chuck Close de que la inspiración es para los aficionados. Pero evocaba, con mucha inteligencia, su contrapartida, que era que ese principio se transforma con demasiada facilidad en una tajante orden interna de que deberías de ser capaz de hacer lo que sea que hayas decidido hacer en el momento en el que hayas determinado que lo harás, precisamente porque no debería ser necesaria ninguna inspiración. Y si no lo consigues, eres un parásito que no sirve para nada. «He dedicado mucho tiempo de mi vida a obligarme a hacer cosas», señala Piver.

> Cosas muy buenas. Cosas que son importantes para mí. Cosas como meditar, escribir un diario, ir al gimnasio y demás. No paro de ponerme horarios. (Me levantaré a las 5. Meditaré de 5:30 a 6:30. Escribiré en mi diario de 6:30 a 7:30. Desayunaré de 8 a 9, etc.). La mayor parte de las veces no consigo cumplirlo, lo que hace que me enoje mucho, pero mucho. Me indigno cada vez más conmigo misma, maldigo mi falta de disciplina, me avergüenzo de (volver a) mirar *Battlestar Galactica* en lugar de escribir, indago en mi psicología con la esperanza de sacar a la luz las raíces de mi autosabotaje. La cosa se descontrola hasta que o bien me dejo caer en el sillón o bien me las arreglo para cumplir mejor o peor con un día de disciplina según lo previsto, tras lo que exhalo un medio suspiro de alivio y empiezo de inmediato a presionarme para repetir lo mismo al día siguiente. ES UN HORROR.

Así que un día, con la sensación de que tenía poco que perder por probar algo diferente, Piver se preguntó a sí misma qué pasaría si hiciera lo que quería hacer cuando quería, que es otra forma de formular la pregunta que nos planteamos ayer: ¿y si esto fuera fácil? «De inmediato, es curioso, me invadió el miedo», recuerda. «Si no me obligo a hacer cosas, no haré nada». Pero no es eso lo que pasó. Siguiendo el dictado del placer, tuvo un día más productivo. Completó las tareas que por lo general tenía que imponerse a hacer, «solo que esta vez pareció no suponerme ningún esfuerzo; tenía el corazón muy ligero». Lo que tiene sentido, visto en perspectiva, porque cuando haces lo que quieres hacer, consigues utilizar tus deseos como combustible para la acción, en lugar de dedicar constantemente tu energía y tu atención a sobreponerte a ellos. Es fácil creer que, si te permites hacer lo que quieres, quizá pases horas en Instagram con la mirada perdida. Pero la verdad, muchas veces, es que «pasar horas en Instagram con la mirada perdida» es lo que ocurre después de que te digas a ti mismo que no puedes hacer lo que quieres porque no puedes permitírtelo o no te lo mereces. Acabas tan resentido o molesto por lo que sea que estés intentando obligarte a hacer que optas por distraerte con el celular.

Hay quien dirá que es una señal de inmenso privilegio poder siquiera contemplar la idea de pasar el día haciendo lo que te dé la gana. Y, sin duda, en cierto modo es verdad: la situación de casi cualquier persona impondrá determinados límites a la libertad de seguir sus deseos, y algunas lo tienen mucho peor que otras. Pero es importante ver que esa objeción en sí misma es a menudo tu capataz interior enmascarado tratando de hacerte sentir mal por aprovechar la libertad de que dispones. No hay ningún premio por no dedicar tu tiempo, en la medida de tus posibilidades, a lo que quieres en función de un sentido de la solidaridad mal entendido hacia aquellos que no pueden.

En cualquier caso, tratarte a ti mismo con un poco más de amabilidad no tiene por qué ser ni mucho menos tan autocomplaciente como aquellos de nosotros con alergia hacia la «autocompasión» tendemos a creer. No se trata de declararse narcisísticamente a uno mismo merecedor de una vida más fácil que la de los demás. Basta con intentar cumplir con lo que el filósofo Iddo Landau llama la «regla de oro inversa»: es decir, no tratarte a ti mismo con la severidad y la malevolencia con la que ni soñarías con tratar a otra persona. ¿Te imaginas regañando a un amigo de la manera en que muchos de nosotros consideramos aceptable dirigirnos a nosotros mismos a lo largo de todo el día? Adam Phillips tiene toda la razón: si conocieras a alguien así en una fiesta, enseguida creerías estar ante una persona desequilibrada. Intentarías conseguir que se fuera, y seguramente que buscara ayuda. Te parecería que no está bien —que, en palabras de Phillips, «algo terrible» debió pasarle— para que considere que es apropiado actuar así.

Bueno, sí le ocurrió algo terrible, y el hecho de que nos ocurra a casi todos nosotros, de un modo u otro, no es motivo para fingir lo contrario. De alguna manera (a través de tus padres, de la sociedad, de la religión) has internalizado la idea de que si no te vigilabas a ti mismo como un halcón, podría producirse un desastre. Que si te dabas un respiro y seguías tu propio instinto, eso podría llevar a que te abandonaran o te humillaran o te sobrepasaran las emociones o te vieras en la ruina económica. Los detalles difieren demasiado de una persona a otra como para concretarlos aquí. Pero venga de donde venga esa creencia, pertenece al pasado; no es un análisis razonable de lo que sería probable que ocurriera ahora mismo en caso de que te trataras más decentemente. Como descubrió Susan Piver, lo que ocurre, en la mayoría de los casos, es que por supuesto que quieres cumplir con tus compromisos, pagar tus cuentas, mantenerte físicamente sano, etc. Porque la persona que eres, detrás de todos esos gritos y alaridos, no es ningún vago inútil al fin y al cabo.

¿Te parece autocomplaciente? Es regañarte a ti mismo constantemente lo que en realidad constituye el camino hacia la autocomplacencia, en un reflejo de la arrogante creencia de tu capataz interior de que puede obligarte hacer cualquier cosa con solo gritarte lo bastante fuerte. Enfrentarte a la realidad —como deben hacer los seres humanos mortales— significa también enfrentarte a la realidad de tus estados de ánimo, deseos e intereses. Por eso requiere valor hacerse a uno mismo la pregunta que sospecho que todos esos gurús que promocionan la «mentalidad del guerrero» y la «fortaleza mental» temen hacerse a sí mismos: ¿a qué te gustaría dedicar tu tiempo hoy?

Día 17

No le pongas trabas a la generosidad

Sobre la futilidad de «ser mejor persona»

> A todo el mundo le gusta algo. Aunque solo sean las tortillas de maíz.
>
> CHÖGYAM TRUNGPA

Muchos de nosotros creemos que deberíamos ser más amables o más generosos, dar más dinero a organizaciones benéficas, dedicarle más tiempo al voluntariado o ser de algún modo «mejores personas» de lo que somos. Lo que dice el maestro budista tibetano Chögyam Trungpa es que nada de eso es necesario: no hace falta que intentes transformarte en alguien capaz de experimentar más amor por la humanidad, y además probablemente sea imposible. Solo tienes que descubrir qué es lo que ya hace que sientas calidez o ternura, y trabajar a partir de ahí. Y tu afición por la comida mexicana es tan buen lugar donde empezar como cualquier otro.

En realidad, sería debatible hasta qué punto el propio Chögyam Trungpa era una buena persona. Tenía problemas de alcoholismo, estrelló una vez un coche contra una tienda de artículos de broma en el noreste de Inglaterra (juro que no lo estoy inventando), podía ser muy desagradable con sus seguidores y, en los últimos años, el movimiento espiritual que fundó, Shambhala, se ha visto sacudido por las acusaciones dirigidas contra su hijo, que lo sucedió como líder, por conducta sexual inapropiada. Aun así, en este caso, lo que dijo sigue siendo válido. Ser una persona mejor o más atenta es otra de las cosas que no puedes hacer que pase. Tienes que dejar que pase, algo que puedes conseguir en primer lugar reconociendo que una parte de ti ya siente las emociones que crees que deberías estar sintiendo. Lo siguiente y más importante que tienes que hacer es evitar complicar demasiado las cosas.

Yo no te conozco, obviamente, así que supongo que es posible que seas un ser despreciable que desee activamente hacer daño a sus semejantes. Pero si eres el tipo de persona a la que le preocupa no ser lo bastante generosa o amable, es de lo más probable que tengas todo tipo de pensamientos e impulsos generosos, a todas horas, y que tu problema —si es que en algo te pareces a mí— sea que fracasas repetidamente a la hora de hacer algo al respecto. O, para ser más precisos: levantas sin darte cuenta obstáculos que le cortan el paso a la acción. Una persona sin hogar te pide dinero, y tú llevas cambio y sientes el impulso de ayudar, pero entonces recuerdas que siempre te han dicho que es mucho más útil donar dinero a una ONG que se dedique a ese ámbito y ofrezca garantías, así que decides que eso es lo que harás, pero luego nunca acabas de concretar la donación. O piensas en algo que te encantaría decirle a un amigo con el que perdiste el contacto, pero ahora estás cansado y esa clase de *e-mails* vale la pena escribirlos con tiempo, así que lo pospones. O te gustaría ayudar en la fiesta que organiza la escuela de tus hijos, pero tienes muchísimo trabajo, así que lo lógico es que primero te pongas al día con tu lista de tareas pendientes y te propongas ayudar a la próxima.

Ninguno de esos casos indica una profunda deficiencia de carácter. Tus impulsos esenciales eran los adecuados. Es solo que, por las habituales razones de perfeccionismo y de negación de los límites —querer ser amable de un modo óptimo, en lugar de solo amable, o querer sentir que tienes un pleno control sobre tus obligaciones y tu tiempo—, nunca llegaste a convertir tus impulsos en acción.

Por eso recomiendo de todo corazón una política personal que aprendí del (mucho menos problemático) profesor de meditación Joseph Goldstein, y que intento practicar yo mismo, que es actuar en función de ese impulso de generosidad en el momento en que surge. Se trata no de intentar convertirte en una persona más generosa de lo que ya eres, sino de fijarte en los momentos en los que, de forma natural y sin esfuerzo, ya sientes ese impulso, y luego no echarlo a perder dándole demasiadas vueltas. La forma más sencilla de hacerlo es actuando con rapidez. «Cada vez que te surja esa idea generosa, pasa a la acción. Luego fíjate en lo que ocurre», aconseja Goldstein, a lo que añade que «en mi experiencia, la generosidad nunca provoca remordimientos». Lo que sucede, como era de prever, es que te sientes muy bien, así que, aunque poner en marcha esa práctica puede requerir un poco de fuerza de voluntad, pronto acaba retroalimentándose. Antes de darte cuenta, eres una persona que actúa con más generosidad, sin haber tenido que convertirte en una persona más generosa.

Y, en cualquier caso, ¿no había desde el principio algo conceptualmente confuso en tu deseo de «ser mejor persona»? Al margen de todo lo demás, el hecho de que, para empezar, sintieras ese deseo ya da a entender que poseías los valores de cuya ausencia te avergonzabas; solo alguien con valores puede fustigarse por carecer de valores. (¿Alguien se imagina que Vladímir Putin se pasa las noches despierto, preocupado por si es una persona tan atenta y considerada como le gustaría creer que es?). Y cuando ese tipo de confusión es tu punto de partida, intentar cambiar tu personalidad solo puede acabar en un embrollo circular y egocéntrico de culpa y obligación. Lo que, además, no es de mucha ayuda para nadie. Es mucho mejor localizar la generosidad que ya está dentro de ti y luego asegurarte de no ponerle trabas.

Día 18

Deja que los demás tengan sus problemas

Sobre ocuparte de tus asuntos

> La obsesión por complacer a los demás en realidad termina por perjudicarlos... porque no estás complaciendo a nadie, solo estás alimentando su resentimiento con tu hipocresía, y tampoco les estás concediendo la dignidad de su propia experiencia [porque asumes] que no pueden soportar la verdad.
>
> Whitney Cummings

«¡Buenas noticias! ¡¡Encontré la cura para mi ansiedad!!», anunció la escritora Sarah Gailey en una ocasión en redes sociales. «Lo único que necesito es que todas las personas que conozco me digan que no están molestas conmigo cada quince segundos, durante el resto de mi vida». Conozco la sensación. Durante años, tuve un superpoder increíble: era capaz de convertir cualquier oportunidad, por emocionante o maravillosa que fuera, en un desagradable drama emocional con solo aceptarla. En el momento en que pactaba una fecha de entrega o firmaba un contrato, había otra persona en el mundo que podría impacientarse por que yo aún no hubiera acabado el trabajo o que podría sentirse decepcionada con lo que yo había hecho, y la idea de que alguien albergara algún tipo de negatividad hacia mí me resultaba espantosamente opresiva. Ese mismo estar pendiente en exceso de las emociones de los demás hacía que me pasara el día diciendo que sí a cosas que debería haber rechazado, porque me estremecía por dentro ante la idea de contrariar a otra persona, y hacía también que pocas veces disfrutara de los encuentros sociales, porque sospechaba que los demás asistentes, por contentos que parecieran, quizá solo estuvieran soportando mi compañía a regañadientes.

De lo que a la larga me di cuenta —aunque nunca es del todo fácil asimilarlo— es de que las emociones negativas de los demás son, en última instancia, un problema que les pertenece a ellos. Hay que dejar que los demás tengan sus problemas. Se trata de otro ámbito en el que lo mejor que puedes hacer, como ser humano mortal con un control limitado que eres, es, por lo general, no entrometerte, y dejar que las cosas sean lo que tengan que ser.

Antes de seguir, vale la pena señalar que las personas que te preocupa que puedan estar molestas o aburridas o decepcionadas contigo casi nunca lo están. Tienen sus propios problemas de los que preocuparse. El tópico dice que las personas a las que les gusta complacer a los demás se quitan importancia a todas horas, pero hay algo sorprendentemente arrogante en la idea de que tu jefe, cliente o compañero de trabajo no tiene nada mejor que hacer que pasarse el día paseando de arriba abajo pensando mal de ti, o que tu presencia en una reunión social tiene el poder de arruinársela a los demás. «Es curioso, cuando no contesto un *e-mail* es porque estoy ocupada —observa la novelista Leila Sales, burlándose de su propia tendencia a ajustarse a ese estereotipo—, pero cuando otra persona no contesta a mis *e-mails* es porque me odia». (También vale la pena señalar que en las afortunadamente contadas ocasiones en las que un adulto ha estallado de ira contra mí ni se me había pasado por la cabeza que pudiera estar enojado. Sin duda había estado preocupándome por las personas equivocadas).

Pero ¿qué pasa si alguien está auténticamente furioso, decepcionado o molesto contigo? Pues que, en el fondo, sigue sin ser tu problema. No estoy defendiendo la mentalidad de «¡ignora a quien te odia!» que promocionan a veces los gurús de la autoayuda, según la cual debes ignorar las emociones de los demás por principio. Tampoco te estoy dando carta blanca para ser un imbécil con los demás y tratarlos como si fueran basura antes salir por la puerta satisfecho diciéndote a ti mismo que no tienes ninguna responsabilidad sobre las emociones que acabas de desatar. De lo que se trata es de darte cuenta de que es un ejercicio inútil —y una negación flagrante de tu limitado poder sobre la realidad— hacer que tu bienestar dependa de que todo el mundo a tu alrededor esté bien también.

A simple vista, la noticia de que alguien está molesto porque no tú no estás actuando como querría esa persona no es más que eso: una declaración sobre el estado de su clima emocional. Puedes decidir o no hacer algo al respecto, pero ese es otro tema completamente distinto. Toda decisión es una cuestión de contrapartidas, como vimos en el día tres, y las emociones de los demás es otra de las cosas que hay que poner en la balanza. Tanto si se trata de un jefe cascarrabias que insiste en que respondas a su *e-mail*, o de tu pareja que, ansiosa, quiere que te des prisa y tomes una decisión sobre un viaje que van a hacer, tal vez resuelvas que lo que más te interesa, o lo que más se alinea con tus valores, sea actuar de inmediato. Si lo haces, tu comportamiento exterior será el mismo que si tu motivación hubiera sido un deseo obsequioso de aliviar la angustia de la otra persona. Sin embargo, la realidad de la situación será muy distinta. Estarás tomando una decisión consciente, sopesando la importancia de sus emociones frente a tus otras prioridades. O bien, en cualquiera de esos dos escenarios, tal vez decidas que esa es una de esas ocasiones en las que esas personas van a tener que gestionar sus emociones sin tu ayuda.

Una de las principales razones por las que no somos capaces de actuar de ese modo tan lúcido frente a las emociones de los demás es porque navegan bajo la bandera de la «urgencia». En algunos casos, el tiempo es un factor que hay que tener en cuenta, por supuesto; pero la desagradable ansiedad que relacionamos con las tareas que consideramos «urgentes» a menudo es una señal de que son las prioridades de otra persona las que tienen el control. La sensación de urgencia es, en realidad, miedo a que la otra persona se moleste o se agobie si no te das prisa. Una vez más, quizá te interese evitar ese resultado. Pero quizá no: sus emociones no tienen el poder mágico de agarrarte por el cuello y obligarte a actuar. Tal vez te ayude pensar en los miles de millones de personas del planeta que están enojadas, deprimidas, decepcionadas, impacientes o ansiosas en este mismo instante. Su situación quizá despierte tu simpatía; pero sin duda no pensarás que sea cosa tuya animarlas a todas. ¿Por qué debería ser automáticamente distinto en esa pequeña proporción de casos en las que esas emociones, al menos nominalmente, tienen que ver contigo?

Pero la verdadera revelación, como dice Whitney Cummings, es que complacer a los demás ni siquiera es una forma demasiado eficaz de complacer a los demás. Ir por la vida tratando de aplacarlos no hace que seas alguien con quien se antoje demasiado vivir o trabajar. Los demás se dan cuenta de que estás tratándolos con guantes de seda y de que solo cumples con tus compromisos con ellos en un esfuerzo por sentirte mejor, en lugar de por un deseo sincero de ayudar, y acaban sintiéndose ofendidos o manipulados, o por lo menos molestos por tener que dedicar una porción de su espacio mental a tus problemas personales. A veces, tu forma de darles vueltas a las cosas les complica de verdad la vida. «Oye —me dijo una vez una redactora de *The Guardian* al principio de mi carrera, después de pasarse el día esperando a que yo le dijera si podía aceptar o no un encargo, porque temía no poder asumirlo pero tampoco podía soportar la idea de decepcionarla—, si no puedes hacer algo, decir que no en realidad le facilita mucho las cosas a todo el mundo».

Pasaron años antes de que me diera cuenta de que esa tal vez había sido una de las cosas más generosas que nunca nadie me había dicho. Me ayudó a darme cuenta de que, si mi esfuerzo por gestionar las emociones de los demás ni siquiera los estaba ayudando a ellos, tenía menos que perder abandonando el intento. Así que empecé a bregar con una realidad a la que las personas que no saben decir que no suelen resistirse, hasta que casi los mata: la de que, a menudo, la mejor manera de hacerles la vida más fácil a los demás es dedicarte a lo tuyo.

Día 19

Un buen rato o una buena historia

Sobre las ventajas de lo impredecible

> Te será de ayuda darte cuenta de que esta parte de la vida en la que no sabes lo que te espera a menudo es la parte que la gente recuerda con más cariño.
>
> Ann Patchett

Es posible que te parezca que de lo que te he dicho hasta ahora se desprende que tu falta de control sobre el modo en que se desarrolla la realidad es una de esas tristes verdades a las que más vale resignarse. Pero es más que eso. En un sentido profundo, es algo bueno. No ser capaz de garantizar que tus planes se harán realidad, no saber lo que te depara el futuro, no tener nunca la sensación de tenerlo todo controlado, o de que lo tienes todo al corriente... todo eso es parte misteriosamente fundamental de lo que hace que la vida valga la pena.

Deja que me explique.

Casi todo lo que pasa, según un dicho de origen incierto, es o un buen rato o una buena historia. O las cosas salen bien o salen mal; y lo curioso es que a menudo, cuando salen mal —aunque, por supuesto, no siempre— la vida acaba siendo inexplicablemente mejor como resultado. Una amiga a la que conozco desde que éramos adolescentes atesora el recuerdo de un fin de semana en el que su madre y su padre las llevaron a ella y a sus hermanas en coche al campo para comer de picnic. Justo cuando acababan de colocar todo lo que habían traído sobre la manta, empezó un diluvio, pero, por una vez, los padres dejaron que las niñas se pusieran a comer igualmente, en un caos de bocadillos mojados y risas. Hoy en día, es una perla reluciente entre sus recuerdos de infancia, y lo que lo hace tan interesante, para mí, es que no tiene nada de excepcional. A todos nos pasan muchísimas cosas directamente indeseables, que van desde lo apenas molesto a lo trágico. Pero casi todo el mundo, si se le da pie, puede contar unas cuantas historias en las que los acontecimientos escaparon de su control —el clima no colaboró, cancelaron el vuelo, apareció en la dirección equivocada— y o bien pasó algo maravilloso o, como poco, acabó teniendo una anécdota con la que entretenerse a sí mismo y a los demás durante años.

Si llevar a cabo montones de entrevistas para la prensa con famosos de poca monta me ha enseñado algo es que esa misma relación inversa entre el control y la gratificación se presenta a lo largo de toda una vida. Pídele a alguien que te cuente los hitos de su biografía y casi siempre se detendrá en los momentos cuyas consecuencias no podría haber previsto. Quizá mencione un periodo de desesperación que querría haber evitado del todo si hubiera podido, como una batalla contra una adicción o un diagnóstico aterrador; o tal vez una circunstancia en apariencia trivial que demostró ser decisiva, como la fiesta en la que conoció a su futuro cónyuge, o el *e-mail* apresurado que inesperadamente le consiguió un trabajo. En *Cuatro mil semanas* reproduje una cita de la filósofa Simone de Beauvoir en la que llevaba esa idea más allá, hasta el propio hecho asombroso de haber nacido: «La penetración de ese óvulo por ese espermatozoide, al implicar el encuentro y, antes, el nacimiento de mis padres y de todos sus antepasados, solo tenía una posibilidad entre miles de producirse».

Y, aun así, pese a los extraños beneficios que tan a menudo parecen emanar de nuestra falta de control, vamos por la vida —como individuos, pero también como sociedades— como si tenerlo en cantidades cada vez mayores debiera ser nuestro objetivo supremo. «El motor cultural de esta forma de vida que llamamos "moderna" es la idea, la esperanza y el deseo de que podemos hacer que el mundo sea controlable», señala Hartmut Rosa, el sociólogo alemán al que conocimos en la introducción. En *Resonancia*, su obra maestra, y en una obra posterior, *Lo indisponible*, Rosa pone de manifiesto que todo tipo de iniciativas humanas dispares encajan entre ellas cuando se entienden como intentos de perseguir ese fin. El afán por dominar la naturaleza, los avances de la medicina, el desarrollo del poder militar, la conectividad digital —que nos permite estar al corriente de lo que ocurre a miles de kilómetros de distancia— y el transporte aéreo —que pone lugares muy lejanos al alcance de la mano—, los padres helicóptero, las dietas, la fecundación *in vitro*, la propuesta de Elon Musk de colonizar Marte, la carne sintética de laboratorio: todo ello probablemente tenga detrás la necesidad del ser humano de sentir que lo tiene todo más controlado que antes.

Rosa no niega, por supuesto, que el afán de control no haya reportado beneficios incalculables; al fin y al cabo, está detrás de casi todo lo que hace que la vida moderna no sufra los mismos niveles de pobreza y sufrimiento implacables de la época medieval. Y deja claro que no está diciendo que las personas sin recursos deban aceptar tener menos control sobre sus vidas que las más acaudaladas. Pero Rosa pone en evidencia que, al mismo tiempo, nuestro deseo de control produce un efecto indeseado que hace mella en nuestros esfuerzos por llevar una vida feliz y plena. La dominación humana de la naturaleza ha hecho que la naturaleza escape al control humano, amenazando nuestra prosperidad por culpa de la rampante alteración climática. Cuantas más personas están a nuestro alcance digitalmente, más se agrava la epidemia de la soledad; y cuanta más vigilancia ejercen los padres sobre el confort de sus hijos, más ansiosos e incómodos están ellos.

En resumen, que cuanto más intentamos hacer del mundo un lugar controlable, menos lo conseguimos, y más pierde la vida cotidiana lo que Rosa llama su resonancia, su capacidad de conmovernos, emocionarnos y absorbernos. En el momento en el que una experiencia es controlable por completo, parece fría y muerta; una obra de arte que eres capaz de entender del todo o una persona cuyo comportamiento puedes predecir con total precisión no tienen la menor gracia. Lo que genera satisfacción es verse en una determinada forma de relación recíproca con el resto del mundo, incluidas las demás personas; podría compararse con un baile en el que llevas al otro y te dejas llevar a la vez. Mientras que una relación en la que siempre tienes la sartén por el mango no es una relación en absoluto.

En el ámbito social, el afán por el control a menudo socava directamente nuestra capacidad para llevar a cabo un trabajo que tenga sentido. Si eres profesor o asistente social, si trabajas en el sector académico, en el de la salud o en el de las organizaciones benéficas, o si tienes cerca a alguien en alguno de esos puestos, estarás familiarizado con el hecho de que casi todo el mundo en esos ámbitos se queja de no tener apenas tiempo de hacer su trabajo hoy en día, por toda la burocracia que conlleva. Ese papeleo es consecuencia del interés de sus superiores por hacer que sus procesos de trabajo sean transparentes y cuantificables, y por lo tanto controlables. Pero el resultado es que esos trabajadores tienen muchas menos oportunidades de crear los momentos impredecibles de conexión humana en los que el trabajo de verdad se lleva a cabo. «La plaga de tener que hacerlo todo controlable —sostiene Rosa— ha infectado en todas partes la incontrolable productividad de la vida social».

Es una cuestión sutil, señala, porque una relación resonante con la vida depende de que sea semicontrolable, es decir, no del todo incontrolable. Tienes que formar parte activa del mundo —relacionarte con los demás, hacer planes, buscar oportunidades y tener ambiciones— y las personas necesitan la libertad y los recursos económicos para poder hacerlo. (No tendrás ni buenos ratos ni buenas historias con demasiada frecuencia si te limitas a quedarte sentado, solo, esperando a que te ocurran, o si te ves obligado a dedicar todas las horas del día a luchar por tu sobrevivencia). Aun así, es fundamental, para tener una buena vida, una vida con sentido, que, cuando le tendamos la mano al mundo de ese modo, no podamos controlar cómo responde. El valor y la profundidad de la experiencia residen en ese misterio. Quizá consigas lo que querías, o quizá no. Y, a veces, no conseguirlo hará que la vida sea mil veces mejor.

Hay un momento involuntariamente gracioso en la traducción al inglés, obra de James Wagner, de *Resonancia*, en un pasaje en el que Rosa intenta definir la sensación que evoca ese tipo de relación con la realidad. Estamos hablando de una obra seria, académica, con cuarenta páginas de notas y numerosas referencias a investigadores desconocidos. Sin embargo, cuando Rosa busca el adjetivo perfecto para describir esa sensación tanto de responder al mundo como de que el mundo te responda a ti, de participar de lleno en él pero sin saber nunca cómo responderá, y las sensaciones de calidez y de plenitud que se derivan de todo ello, el término que elige es *anschmiegsamen*, 'afectuoso'. Mientras que la traducción al inglés por la que opta Wagner es *cuddly*, 'tierno', 'apapachable', lo que resulta tan sorprendente como maravilloso.

Día 20

Fíjate un objetivo cuantitativo

Sobre despedir al responsable de control de calidad que llevas dentro

> No existe una relación ni proporcional ni inversa entre la valoración de un escritor sobre lo que está escribiendo y su calidad real. Tanto la sensación de que la obra es magnífica como la de que es abominable son mosquitos que hay que ahuyentar, ignorar o matar, y jamás consentir.
>
> Annie Dillard

Otra verdad paradójica sobre el control: a menudo, la forma de tener las mejores ideas, y de conseguir los mejores resultados es desarrollar la capacidad de olvidarse completamente de cualquier intento de controlar la calidad de lo que produces. Y la manera más fácil de hacerlo es concentrarse en la cantidad. («La cantidad tiene calidad por sí misma», como alguien dijo una vez, aunque existe la inquietante posibilidad de que ese alguien fuera Iósif Stalin).

En York, al norte de Inglaterra, donde me crie, las viejas murallas que rodean la ciudad disponen de puertas de acceso, conocidas como *bars* —por las barreras que impedían el paso—, en cuatro puntos clave. Hoy en día contribuyen sobre todo a los embotellamientos, pero originalmente se utilizaban para vigilar de cerca a quienes intentaban entrar en la población, o para cerrarla por completo en caso de ataque. Me imagino a un ágil soldado romano o a un corpulento vikingo accionando el pesado rastrillo de madera que en otros tiempos bloqueaba cada puerta, interrogando a los que aspiraban a entrar y luego, solo si le gustaban las respuestas, alzando de mala gana la barrera para admitirlos, antes de bajarla de nuevo de golpe. No puedo garantizar el rigor histórico de esa imagen. Pero es la metáfora que siempre me ha gustado utilizar para hablar de la manera en que quienes ansiamos el control —es decir, la mayoría de nosotros, en un grado u otro— tendemos a relacionarnos con nuestro trabajo. Partimos de la base de que cualquier idea que se nos ocurra seguramente no será lo bastante buena, así que la sometemos al escrutinio de nuestro guardián interior de mirada penetrante, y solo a regañadientes, si cumple con sus estrictas normas, dejamos que haga acto de aparición en la pantalla, o en la página, o en la lluvia de ideas de la oficina.

En mi línea de trabajo, eso se traduce en quedarse mirando la pantalla mucho rato, formular trabajosamente media frase, releerla, considerarla inadecuada, borrarla, quedarse mirando la pantalla un poco más y luego intentarlo de nuevo. (Como señala el profesor de escritura Stephen Lloyd Webber, es irónico que a ese proceso se le llame «escribir» siendo que en gran medida consiste en no escribir, o en borrar cosas que acabas de escribir). Y la situación va de mal en peor, porque cada vez que al fin permites que algo aparezca en la página, sus defectos te atormentan tanto que endureces más aún los criterios de calidad, hasta que, por pasarme a una metáfora más desagradable, estás tan estreñido que es imposible extraer de ti una sola palabra.

Es entonces cuando un determinado tipo de personas de las que se autoproclaman creativas empiezan a hablar de lo que vagamente llaman «enamorarse del proceso». Yo mismo lo he hecho. La idea es que, si tan difícil es llevar a cabo un buen trabajo, ¿por qué no recrearse en el mero hecho de trabajar? Pero actualmente estoy bastante seguro de que se trata, por lo general, de un mecanismo de defensa al que recurren personas angustiadas por el resultado final de sus esfuerzos. Y nunca funciona, además, porque si te preocupa el resultado, y eso es un hecho, decirte lo contrario no va a servir de nada. «Hace poco, una amiga —explicaba el maravilloso cascarrabias y experto en creatividad Robert Fritz en su libro *The Path of Least Resistance*— me estuvo hablando de "lo sagrado del proceso" y "la gratitud trascendental hacia tu propio proceso". Casi podía oír a un coro de ángeles de fondo mientras cantaba sus alabanzas». Además, esa forma de hablar solo se tolera en realidad entre las personas de temperamento artístico: trata de decirle a los clientes de tu despacho contable o de tu firma de abogados que tomaste la decisión de concentrarte en «disfrutar del proceso» y no en hacerles la declaración de la renta o hacer seguimiento de su demanda, y a ver qué pasa.

Una forma más pragmática e imperfeccionista de templar una obsesión por el resultado es fijarse un objetivo cuantitativo. No hace falta fingir que no te importa el resultado de tu trabajo ni erradicar la parte de ti que busca tener el control. Dale a esa parte algo que hacer; asegúrate solo de que no tiene nada que ver con la calidad del resultado. Escribir ochocientas palabras al día, dedicarle una hora a tu otro negocio cada tarde, contactar con cinco clientes potenciales, hacer esquemas de tres páginas del temario del examen (o la regla de las tres horas que vimos el día trece): son objetivos que cualquiera puede lograr con el tiempo disponible, siempre y cuando estés dispuesto a aceptar que, por ahora, la calidad no es lo importante. El emprendedor James Altucher propone la práctica diaria de escribir diez ideas, sobre el asunto que nos parezca más llamativo, en una libreta: diez personas a las que contactar, diez posibles planes para el fin de semana, diez formas de ganar dinero, etc. ¿Y si no eres capaz de pensar en diez? «Ese es el truco mágico: si no se te ocurren diez, piensa en veinte». La cantidad vence al perfeccionismo, tal como explica Altucher: «El perfeccionismo es tu cerebro tratando de protegerte del sufrimiento, de que tengas una idea vergonzosa y estúpida que pueda hacer que lo pases mal. Nos gusta el cerebro. Pero tienes que apagarlo para que se te ocurran ideas». Un objetivo cuantitativo te devuelve el control de la situación: de tener la esperanza de producir algo que esté bien, pasas a tener la certeza de que producirás algo.

La alternativa al método de quedarte mirando la pantalla es la escritura libre, en la que te fijas un objetivo cuantitativo de tiempo —pongamos que diez minutos— y escribes sin parar hasta que suena la alarma del temporizador. (No es una técnica que valga solo para escritores: puedes utilizarla para escribir sobre cualquier problema personal o profesional al que te enfrentes). La idea no es ponerte a teclear a toda prisa tantas palabras como puedas; no pasa nada por escribir despacio, siempre que no te detengas. Lo importante es darle la vuelta al principio de que tu principal actividad, al mirar la pantalla o la página, sea «pensar en algo que escribir» y solo llegar a hacerlo si el guardián se digna a dejarlo pasar. Con la escritura libre, lo que haces es despedir al guardián, levantar de golpe el rodillo y escribir, tengas o no algo que escribir. (Si no se te ocurre nada sobre lo que escribir, escribe sobre eso).

Supongo que no hay ni que decir que yo al principio odiaba la escritura libre. Permitir que las palabras aparezcan en la pantalla sin ningún control de calidad va en contra de todo lo que defiende un rígido perfeccionista, por más que luego siempre puedas corregirlas o borrarlas. Aun así, el método siempre me sorprende. A veces porque se traduce en un texto bien escrito o me lleva a soluciones creativas, y otras veces porque me recuerda que, cuando el resultado no está en absoluto a la altura de lo que me he marcado como aceptable —cuando el resultado es un texto mal escrito o no se presenta ninguna solución creativa—, el mundo no parece acabarse nunca.

Día 21

Porque, ¿qué es una interrupción?

Sobre la importancia de la distracción

> Lo importante, siempre que sea posible, es dejar de ver todas las cosas desagradables como interrupciones de la «propia» vida, o de la vida «real». La verdad, claro está, es que lo que llamamos interrupciones son precisamente la vida real de cada uno, la vida que Dios le envía a uno día a día.
>
> C. S. Lewis

Quizá estés convencido de que no tendrías ningún problema a la hora de encontrar tiempo para lo que importa si los demás te dejaran en paz, o si no te distrajeras con tanta facilidad. Pero ese resulta ser un último contexto en el que, como hemos visto a lo largo de esta semana, a menudo es buena idea no ejercer un control tan firme. Incluso las interrupciones y las distracciones pueden estar entre esas cosas que es mejor dejar que ocurran.

Cualquiera con un mínimo interés por la productividad personal habrá intentado, en algún momento, frenar las interrupciones y las distracciones por medio de técnicas como el *time-boxing*, en el que decides de antemano qué tareas llevarás a cabo durante cada hora del día, o de «rituales de concentración», para ayudarte a dominar tu atención e intentar que tu mente no divague, o aunque solo sea escondiéndote en algún rincón de tu casa o de tu lugar de trabajo donde haya menos posibilidades de que te molesten. Pero, si lo has hecho, probablemente hayas descubierto también las consecuencias perversas de ese tipo de intervenciones, que son que a) tienden a hacer que las interrupciones y distracciones, si llegan a producirse, parezcan peores y b) consiguen que haya más cosas que puedan calificarse de interrupciones inoportunas. Imaginemos que son las cuatro y diez de la tarde, en un día en el que no tengo que ir a buscar a los niños al colegio, y que estoy concentrado a tope en el despacho de mi casa... cuando mi hijo irrumpe de pronto para contarme, emocionadísimo, los preparativos para la obra de teatro de la escuela. Es un pequeño momento de conexión, de esos de los que se supone que está hecha la vida. Solo que, si mi plan de *time-boxing* establece que de cuatro a cinco es una hora de máxima concentración, entonces su entrada constituye de repente una intrusión, un aspecto menor en el que mi día se ha arruinado. Si, además, hubiera pasado los cinco minutos anteriores a las cuatro de la tarde realizando una meditación para favorecer la atención, para entrar en un estado de reposo mental propicio para mi hora de concentración, la llegada de mi hijo resultaría aún más molesta e inoportuna.

A una escala mayor, puedes caer en la trampa de ver toda tu vida de ese modo, interpretando todas las cosas que haces con tus días como una larga serie de interrupciones o distracciones de lo que crees que deberías estar haciendo con ellos. Por supuesto que es posible que te desagraden legítimamente determinados aspectos de tu trabajo o de tu vida. Pero ir por el mundo con la convicción de que está lleno de personas o de cosas que es necesario mantener a raya es una profecía autocumplida. Hace que haya aún más personas y más cosas que creas que debes mantener a raya si es que quieres tener un momento para escuchar tus pensamientos.

Dicho esto, la próxima vez que tengas un momento para escuchar tus pensamientos podrías utilizarlo para reflexionar sobre la extraña presunción de omnisciencia que encierra la idea de minimizar las «interrupciones» y bloquear las «distracciones». Creer que esas etiquetas pueden aplicarse a las cosas antes de que sucedan presupone que tú siempre sabes de antemano cuál es el mejor uso de cualquier tramo de tu tiempo, y que si la realidad disiente siempre será porque la realidad se equivoca. Pese a que, objetivamente, todo lo que ocurre en el mundo es que pasan determinadas cosas, luego otras y luego unas cuantas más. Cuando definimos algunas de esas cosas como interrupciones o distracciones respecto a otras, le estamos añadiendo una capa mental a la situación, estamos clasificando los acontecimientos en categorías inamovibles: estas deberían pasar y estas no. No es que haya nada intrínsecamente malo en ello; es bueno tener una marcada preferencia por cómo te gustaría que se desarrollara tu día. Pero, por lo menos, es un recordatorio de que no deberías aferrarte a esas preferencias hasta el punto de convertir tu vida en una pelea constante con los acontecimientos que vanamente has decidido que no deberían estar ocurriendo. O hasta el punto de cerrarte a la posibilidad de que lo que parece una interrupción pueda demostrar ser, de hecho, un avance positivo.

Como explica el maestro zen John Tarrant, la manera en que hablamos de la distracción da a entender algo igual de poco útil: la existencia de un modelo de la mente humana según la cual su estado por defecto es la estabilidad, la firmeza y la concentración máxima. «Decirme a mí mismo que estoy distraído», señala, «es una forma de tirar de la correa y esforzarme por recuperar el equilibrio». Pero lo cierto es que la atención fija no es nuestro comportamiento de serie. La mente, en su estado natural, suele rebotar con suavidad de un lado a otro, y solo ante nuevos estímulos se muestra vagamente concentrada y receptiva, lo que a veces se conoce como «conciencia abierta», que la investigación neurocientífica ha demostrado que está relacionada con la creatividad. Hay razones evolutivas sólidas para ello: los humanos prehistóricos que hubieran sido capaces de fijar su atención en una única cosa y no desviarla durante horas para que nada la perturbara no habrían tardado mucho en ser devorados por un tigre dientes de sable. En algunas tradiciones, los monjes pasan años desarrollando un estado de máxima concentración, en monasterios especialmente diseñados para proporcionar el aislamiento necesario, precisamente porque no es algo natural. De modo que donde la idea de interrupción define los acontecimientos externos inesperados como intrínsecamente perversos, la idea de distracción define esos movimientos de la mente como similarmente problemáticos.

Ir por la vida con el compromiso estricto de eliminar las interrupciones y las distracciones quizá parezca una forma de conseguir que te absorba más lo que ocurre. Pero lo que hace es sacarte de la realidad, porque socava tu capacidad de responder a ella a medida que se desarrolla, de aprovechar las oportunidades inesperadas y de que te atrape un paisaje evocador o una conversación fascinante; de dejar que tu mente emprenda un viaje imprevisto hacia un fértil territorio creativo, o de disfrutar, en lugar de sufrir, que un niño pequeño irrumpa en tu despacho, al mismo tiempo que cumples con tus obligaciones como padre. «Para perderse y distraerse de ese modo es para lo que está la vida», señala Tarrant. Viendo las cosas desde ese punto de vista, podría argumentarse incluso que lo que hace de la moderna distracción digital algo tan pernicioso no es que interrumpa la atención, sino el hecho de que la retiene con contenidos diseñados algorítmicamente para atrapar a la gente durante horas, haciendo que esté menos disponible para la distracción fortuita y fructífera.

Nada de todo esto significa que no debas establecer límites o intentar trabajar en un sitio tranquilo, o que debas celebrar que venga a fastidiarte cualquier cretino que se sienta con derecho a hacerlo, o que ni se dé cuenta de que molesta. Quizá solo quiere decir que es posible abordar los fenómenos a los que peyorativamente llamamos «interrupciones» o «distracciones» de un modo un poco más neutral. Paul Loomans (al que conocimos en el día once, el de «tú ve al cobertizo») los llama «cosas que se dejan caer por allí». Su consejo es que les prestes toda tu atención. Es decir, una vez que tu concentración se ha evaporado —cuando el niño ya ha irrumpido en la habitación o la ansiedad sobre la fecha de una cita médica te ha alejado de la novela que estabas leyendo— no luches contra ello. Enfréntate a tu nueva realidad. Apúntate comprobar la fecha de la cita médica o mira a los ojos al niño, presta atención a lo que te pide y luego o bien cierra la *laptop* para estar con él o bien explícale que primero tienes que acabar lo que estás haciendo. Según Loomans, es totalmente factible «prestarle a alguien toda tu atención a la vez que le dices que en este preciso instante no tienes tiempo», y es más agradable para todos los involucrados que intentar mantener parte de tu atención en lo que fuera que estuvieras haciendo. Cuando haces eso, «estás en tensión y la otra persona no se siente escuchada. Incluso puede que se quede un rato más e insista en lo que vino a decir».

Y hablando de niños que irrumpen en habitaciones: en el momento de escribir estas líneas, casi 60 millones de personas han visto el momento de 2017 en el que los dos hijos pequeños del estadounidense Robert Kelly, un experto en política coreana que vive en Corea del Sur, entraban en el estudio donde su padre estaba concediendo una entrevista en vivo con la BBC y brincaban alegremente durante varios segundos antes de que su madre consiguiera sacarlos de allí casi haciendo acrobacias. ¿Alguien va a decir que tuvo algo de malo esa interrupción? Está claro que no: el video, recuperado durante la pandemia del coronavirus, hizo que un momento extraño de la historia resultara microscópicamente más alegre y despertó en todo el mundo la empatía hacia los padres y las madres confinados que hacían malabares para compaginar trabajo y familia. «Pensamos que ninguna cadena de televisión volvería a llamarnos», recordaba Kelly un tiempo después. La realidad demostró ser muy distinta, porque aquello también le benefició profesionalmente. Nunca se puede saber con antelación. Nos esforzamos tanto por aferrarnos a la pared del foco fijo; siempre nos caemos, pero, como bien dice Tarrant, cuando lo hacemos, «el mundo nos atrapa una y otra vez». Perdemos el control sobre nuestros planes para hoy y nos descubrimos revolcándonos en la vida.

Semana IV

ESTAR PRESENTE

La historia procede de la China y habla de un pintor que dejó ver a sus amigos su cuadro más reciente. En él aparecía un parque, y una estrecha senda cerca del agua que corría a través de un bosquecillo y terminaba delante de una pequeña puerta que, en el fondo, franqueaba una casita. Cuando los amigos se volvieron hacia el pintor, este se había ido. Estaba en el cuadro, caminando por la estrecha senda hacia la puerta; delante de ella se paró, se volvió, sonrió y desapareció por la estrecha abertura. De la misma manera me encontraba yo, traspuesto de repente al cuadro, cuando me ocupaba de botes y pinceles. Me parecía a la porcelana, en la que hacía mi entrada sobre una nube de colores.

Walter Benjamin

Día 22

Deja de ser tan atento con tu yo del futuro

Sobre entrar de lleno en el espacio y el tiempo

> [Tiene] la extraña actitud y sensación de alguien que aún no está en la vida real. Por el momento, el individuo hace esto o aquello, pero, ya se trate de una pareja o un trabajo, todavía no es lo que realmente deseaba, y siempre alberga esa fantasía de que en algún momento del futuro llegará lo real. [...] Lo que más teme un individuo así es estar atado a lo que sea. Siente un miedo terrorífico a ser definido, fijado, de entrar completamente en el tiempo y el espacio y de ser el ser humano singular que cada uno es.
>
> MARIE-LOUISE VON FRANZ

Si hay una sola verdad en el centro mismo de la perspectiva imperfeccionista, que abordaremos al comenzar esta semana final, es que esto, aquí y ahora, es la vida real. No hay más. Este pedazo de tu limitado tiempo, el que transcurre antes de haber conseguido ponerte al día con todo, o de haber resuelto tu problema de procrastinación, o de obtener el título, o de encontrar pareja, o de haberte jubilado, antes de que la sobrevivencia de la democracia o del clima haya quedado garantizada, este pedazo importa tanto como cualquier otro y posiblemente aún más que cualquier otro, porque el pasado queda atrás y el futuro aún no ha ocurrido, así que este, el de ahora mismo, es el único momento que de verdad existe. Si adoptas el enfoque contrario —si ves todo esto como algo que te lleva a un momento en el futuro en el que empezará la vida real o en el que por fin comenzarás a disfrutar o a sentirte bien contigo mismo— entonces acabarás tratando tu vida real como algo por lo que «hay que pasar», hasta que un día se acabe sin que haya llegado la parte importante. Tenemos que estar presentes lo más plenamente posible, aquí, en el meollo de todo. Nada de eso quiere decir que no puedas albergar, además, planes ambiciosos sobre lo que quieres conseguir, la fortuna que quieres acumular o cómo vas a marcar la diferencia en el mundo. Ni mucho menos. Significa que puedes perseguir esos sueños y también sentirte vivo e inmerso en el mundo mientras los persigues, en lugar de posponer la viveza para cuando los alcances, si es que los alcanzas.

En el momento de escribir el inquietante fragmento citado en la página anterior, la psicóloga y especialista en cuentos de hadas suiza Marie-Louise von Franz tenía en mente un cierto tipo de adulto, a menudo un hombre, que se aferra a una existencia sin compromisos porque tiene miedo de los sacrificios que conlleva tomarse la vida más en serio. Puede ser una persona encantadora, hasta que un día deja de serlo, y pasa a ser de repente ese sospechoso cincuentón en un bar lleno de veinteañeros que ha despilfarrado su futuro real en fantasías de un futuro ilimitado. Pero hay otra forma de acabar viviendo lo que Franz llamaba «la vida provisional», que es tomarse la vida en cierto modo demasiado en serio: obsesionarse tanto por emplear tu tiempo sabia o eficazmente de cara al futuro que te descubras tratando el presente como una mera preparación de la fase en la que habrás conseguido que todo vaya sobre ruedas. Ese es el destino de la persona que John Maynard Keynes llamó «el hombre intencional», que «no ama a su gata, sino a las crías de su gata; ni, en realidad, a las crías, sino a las crías de las crías, y así sucesivamente, hasta el fin del reino de los gatos».

El filósofo Dean Rickles ha escrito páginas conmovedoras sobre su propia batalla con ese segundo tipo de vida provisional. A los doce años, recuerda, le asaltó «una epifanía»: la idea de que «podría ahorrarle muchos problemas a mi yo del futuro y mejorar mis perspectivas actuando de un modo concreto» en el presente. Así que se puso manos a la obra. Entre los diversos métodos con los que hizo de su vida un infierno para poder ser feliz luego, estuvo estudiar piano tan agresivamente que se abrió las yemas de los dedos. Llevó el aplazamiento de la gratificación al extremo. La estrategia de actuar como si la vida fuera un ejercicio de hacerle favores a su yo del futuro «me funcionó en determinados sentidos, pero en otros no lo hizo en absoluto, porque me lancé a ello hasta un extremo del que aún me estoy recuperando. [...] Algo tremendamente patológico, y un comportamiento chocante y extraño, visto en perspectiva». En aquella época, él pensaba que su yo del futuro se lo agradecería; pero actualmente, señala, lo que mayoritariamente siente hacia su yo del pasado es lástima.

No es que preocuparse por el yo del futuro sea del todo malo, sobre todo cuando se es joven. Se podría argumentar que es fácil para Rickles arrepentirse de su autocastigo del pasado ahora que ya es un pianista consumado. De la misma manera que es fácil para mí decir que ojalá no me hubiera provocado una ansiedad galopante estudiando para mi título universitario ahora que tengo una carrera que quizá no se me habría abierto sin él. Pero igual que en el caso del hombre alérgico al compromiso de Franz, lo que hay detrás de ese exceso de preocupación por el yo del futuro es el horror de ser mortales. En aras de la simplicidad, estoy describiendo esos dos tipos de personalidades como si fueran distintas, pero muchos de nosotros tenemos elementos de ambas. Sé que es mi caso.

El alérgico al compromiso no puede soportar entrar «completamente en el tiempo y el espacio» porque dejarse atar a una relación o a un camino profesional significa renunciar al resto. Se imagina que lo que está haciendo es no cerrarse a nada, aunque, por supuesto, eligió un camino, porque elegir emplear parte de tu limitado tiempo en un estado de no-compromiso sigue siendo una elección. Por otro lado, el que es demasiado responsable evita entrar completamente en el espacio y el tiempo situando siempre el valor real de sus acciones del presente en algún lugar del futuro. Eso le permite experimentar lo que Keynes llamó «una inmortalidad espuria y engañosa», siguiendo la lógica absurda de que, si lo importante de tu vida viene más tarde, debe darse el caso de que sigas estando vivo para experimentarlo, de modo que, mientras sigas invirtiendo en tu futuro, quizá no tengas que morirte.

Según una corriente popular de consejos de autoayuda, la única alternativa viable a vivir en el futuro de ese modo es «vivir en el momento» de una manera que suponga renunciar a los grandes planes y tomarse las cosas con calma, sin hacer más esfuerzos que los necesarios para ir hasta tu próximo retiro de yoga. Aunque, en realidad, estar más plenamente en el presente tiene que ver con cómo abordas tus planes de futuro, y no requiere en ningún caso abandonarlos. Conlleva abandonar la idea de que no puedes permitirte estar plenamente inmerso en la vida antes de que esos planes se hagan realidad, y comprender que la persecución de metas ambiciosas es una forma excelente de estar plenamente inmerso en la vida. (Echando la vista atrás, veo que estaba siempre diciéndome a mí mismo que, en cuanto hubiera averiguado cómo ser un periodista de un medio nacional o un buen marido o el mejor padre posible, podría ejercer esos roles de un modo más distendido; ahora, al menos en mis días buenos, me doy cuenta de que la actividad de averiguar cómo ser todas esas cosas es la sustancia misma de una vida absorbente, no algo que necesito hacer para prepararme para una).

Por otro lado, aunque entrar en el presente de forma más plena no necesariamente significa tomarse las cosas con calma, es del todo posible que en tu caso sea así. Quizá haya llegado la hora de tomarse un año sabático, o lo que Tim Ferriss llama una «minijubilación», una pausa deliberada para emprender alguna de las aventuras que has estado aplazando mentalmente hasta mucho más adelante en la vida. Al fin y al cabo, no hay ninguna garantía de que vayas a seguir estando aquí para hacerlo dentro de unos años. Como mínimo, debería haber llegado el momento de dedicar hoy una hora a disfrutar de la vida, a cobrarte algunas de las inversiones que hiciste con anterioridad en tu yo del futuro, por así decirlo, y gastar a manos llenas en tu yo del presente.

Todos sabemos que hay muchas personas a las que les convendría aprender a posponer la gratificación más de lo que lo hacen actualmente. Lo que ocurre es que si eres el tipo de persona que está fervorosamente a favor de esa afirmación, es muy probable que a ti te convenga aprender a postergar menos esa gratificación. Quizá te suenen los llamados «experimentos del bombón», en los que el sociólogo Walter Mischel y su equipo le daban a un niño una golosina, un bombón, y le decían que podía o bien comérselo o bien quedarse a solas con él en la habitación diez minutos, lo que lo haría ganarse otro. En las imágenes de algunas de las versiones del experimento, los obedientes postergadores de la gratificación cantaban o hablaban consigo mismos en un esfuerzo por vencer el impulso de comerse el bombón que tenían en frente. Los participantes que fueron capaces de resistir la tentación acabaron teniendo un rendimiento académico superior y una mejor salud física en los años posteriores al experimento, y mostraron otras diferencias positivas en la edad adulta. Las razones siguen siendo objeto de debate, pero parece estar claro que la autodisciplina necesaria para no comerse el primer bombón es una cualidad inestimable para lo que todo el mundo entiende como una vida fructífera. Por otro lado, no sirve de nada acumular el mayor número de bombones intactos, que estarían buenísimos en el caso de que te permitieras comerte uno. En algún momento, para experimentar los beneficios de haber recibido alguno para empezar, vas a tener que comerte el condenado bombón.

Día 23

Cómo partir de la cordura

Sobre pagarse a uno mismo primero

> Actuar como si la vida fuera un peregrinaje a una existencia futura y mejor es renegar de su valor actual.
>
> W. SOMERSET MAUGHAM

Una conclusión que se desprende del hecho de que esta es la vida que tienes, de que no hay más, es que aspirar a la cordura no va a funcionar nunca. Lo que debes hacer, en su lugar, es actuar desde la cordura. Es posible que esto suene un poco críptico, pero las implicaciones prácticas son enormes.

Estoy usando aquí «cordura» para referirme, de un modo amplio, a lo que se siente a vivir el tipo de vida que quieres vivir, que en mi caso significa estar tranquilo y centrado, ser activo y productivo, y establecer relaciones con los demás; lo contrario a estar lleno de ansiedad, aislado y sobrepasado. Para mí, por encima de todo, la palabra *cordura* evoca una sensación esencial de anclaje capaz de resistir incluso a los momentos difíciles y las situaciones desagradables. Pero, a menos que consideres que tu existencia ya es del todo perfecta, es natural actuar como si la cordura fuera algo a lo que aspiras. Probablemente ya la poseas en cierta medida, pero te gustaría poseerla mucho más; por ejemplo, tenerlo todo bajo control es un espacio al que esperas llegar en algún momento del futuro. Es un espacio que podría parecer que está justo a la vuelta de la esquina, o muy lejos; pero no es del que partes. Está en otro sitio.

Y, aun así, parece ser una regla fundamental que, si tratas la cordura como un estado que tienes que alcanzar lanzándote a todo tipo de preparativos o desembarazándote de otras cosas primero, eso solo reforzará la sensación de que la cordura es algo que está lejos de tu alcance. Consolidarás el estrés y la ansiedad, en lugar de eliminarlos. Quizá consigas hacer todo tipo de cosas útiles, pero nunca te traerán la paz mental, porque estarás diciéndote a ti mismo a diario que la paz mental es algo lejano y que no está disponible ahora mismo.

A eso me refiero con «aspirar a la cordura». «Actuar desde la cordura», en cambio, significa encarnar primero un determinado tipo de orientación hacia la vida, uno que trata el momento presente como un lugar en el que la paz mental podría ser, en teoría, alcanzable, y luego ir por la vida con esa orientación, en lugar de tratar tus actividades cotidianas como cosas que estás haciendo con la intención de alcanzar esa paz algún día. En su libro *Anti-Time Management*, Richie Norton resume esa filosofía en dos pasos: el primero: «Decide quién quieres ser»; el segundo: «Actúa inmediatamente a partir de esa identidad».

El comportamiento característico de quien aspira a la cordura es el de «despejar el camino», es decir, el de intentar ocuparse de todas esas pequeñas obligaciones que reclaman tu atención en un esfuerzo por llegar al punto en el que esperas por fin tener largas franjas de tiempo para concentrarte en lo que te importa. El problema de intentar hacerlo todo, como ya vimos, es que la cantidad de tareas pendientes es, a todos los efectos, ilimitada. Así que proponerse «despejar el camino» conduce inexorablemente a pasarse la vida haciéndolo.

El comportamiento característico de quien opera desde la cordura, en cambio, es lo que la *coach* de creatividad Jessica Abel llama «pagarte primero a ti con tiempo», es decir, dedicar una cierta cantidad de tiempo ahora mismo a lo que es importante para ti, en lugar de dejarlo para luego, porque eres consciente de que dedicar aunque solo sea treinta minutos a hacer hoy aquello que quieres hacer es mejor que cientos de hipotéticas horas en el futuro. Del mismo modo, mientras el aspirante a la cordura agotado quizá acabe trabajando más horas —haciendo su vida más estresante ahora, con la esperanza de poder descansar más adelante— el que opera desde la cordura se da cuenta de que le conviene descansar hoy, aunque sea brevemente.

Por supuesto, es posible no sentirse relajado ni centrado ni «cuerdo» haciendo nada de eso, sobre todo al principio. Al margen de todo lo demás, quizá te genere una enorme ansiedad pensar en las tareas pendientes que estás ignorando. Pero el objetivo de operar desde la cordura es adoptar aun así los comportamientos que constituyen una vida plena, y dejar que las emociones vengan después, en lugar de pasarte la vida persiguiendo infructuosamente esas emociones. Hay tres técnicas especialmente útiles que tener en cuenta en este caso:

Ocúpate del trabajo atrasado aislándolo. Si se te acumularon los *e-mails* o tienes otras tareas menores pendientes, aspirar a la cordura podría acarrear reservar cinco días enteros a no hacer nada que no sea trabajar en ello, lo que es poco probable que funcione, en parte porque no serás capaz de mantener la motivación, pero también porque se te acumularán otras tareas y mensajes entretanto, lo que te dejará con tanto trabajo atrasado como al principio. Operar desde la cordura, por lo que se refiere al trabajo atrasado, significa seguir el consejo de experto en gestión del tiempo Mark Forster. En primer lugar, coloca todos esos *e-mails* en una carpeta aparte, o esas tareas en una lista de asuntos pendientes distinta. (¡Y, tarááán, bandeja de entrada vacía!) Desde ese momento, tu prioridad no será hacer deprisa y corriendo el trabajo atrasado, sino llevar al día los nuevos *e-mails* o tareas que lleguen, para evitar que vuelva a producirse una acumulación. Ve reduciendo un poco cada día la acumulación anterior o, si crees que puedes hacerlo sin que haya consecuencias, olvídate de ella por completo.

Libera tiempo renegociando compromisos preexistentes, no solo planeando adquirir menos. Si lo que se interpone entre tu paz mental y tú son un montón de compromisos que querrías no haber aceptado nunca, aspirar a la cordura conllevaría intentar cumplir con todos ellos y proponerte al mismo tiempo adquirir menos de ahora en adelante. (Alerta de *spoiler*: te meterás en tantos como antes). Operar desde la cordura, en este caso, significa hacer de tripas corazón y renegociar algunos de los compromisos que has adquirido: desvincularte de proyectos, pedir una prórroga de los plazos o cancelar planes sociales para reducir las exigencias reales, actuales sobre tu tiempo, no solo las hipotéticas exigencias posteriores.

Trata tu lista de tareas pendientes como un menú. En la mentalidad de aspirar a la cordura, todos los elementos de una lista de tareas pendientes deben estar hechos antes de poder darte permiso para relajarte. Pero, en cualquier situación en la que haya más cosas por hacer que tiempo disponible para hacerlas —que suele ser la situación habitual, en realidad—, una lista de tareas pendientes es, por definición, un menú, un listado de obligaciones entre las que escoger, y no que llevar a cabo de principio a fin. Y operar desde la cordura significa verla de ese modo: empezando por reconocer que no conseguirás hacer todo lo que quizá quieres hacer y escogiendo luego elementos del menú. Por supuesto, no todas las tareas de todas las listas de tareas pendientes serán tan apetecibles como sugiere la analogía con el restaurante. Pero es sorprendente la cantidad de cosas que se vuelven más codiciables en cuanto las afrontas no como obligaciones con las que tienes que lidiar, sino como opciones entre las que puedes elegir.

Operar desde la cordura, como dije, puede resultar incómodo al principio. Pero por debajo de esa incomodidad aparece casi de inmediato una extraña y nueva forma de satisfacción. Te sientes más absorto en tu experiencia y te parece que ejerces una mayor influencia sobre el mundo, pese a que eso es algo que has logrado relajándote y no haciendo más intensos tus intentos de sentir que lo controlas. Está claro que la vida no pasa a ser fácil de repente y, lo que es más, ya no tienes tan claro que vaya a serlo nunca. Pero tus problemas empiezan a parecerte más manejables e interesantes, y a menudo descubres que eres capaz de abordarlos con entusiasmo. La sensación no es tanto la de estar tumbado en la playa bajo el sol como la de caminar con decisión cuesta arriba, con el viento y la lluvia en la cara: no será sencillo, puede que ni siquiera sea siempre agradable a la manera convencional; pero sí será reconfortante, estimulante y vital.

Día 24

Hospitalidad descuidada

Sobre establecer vínculos por medio de los defectos

> Una casa en perfecto estado es la señal de una vida desperdiciada.
>
> Mary Randolph Carter

Jack King, un sacerdote anglicano de Tennessee, acuñó la expresión «hospitalidad descuidada» en 2014. A su mujer y a él les gustaba invitar a amigos a cenar, y los días y las horas previos a su llegada solían repasar todo lo que tenían que hacer: Elegir un menú, hacer la compra, podar el pasto, barrer, pasar la aspiradora, limpiar el cuarto de jugar... poner la mesa, limpiar el cuarto de jugar (otra vez) y rezar por que, por algún milagro, esté todo hecho antes de que suene el timbre. Llevar a cabo todas las tareas de la lista hacía de su casa un lugar más agradable para sus invitados. Pero también, de un modo sutil, los disuadía de tenerlos más a menudo, porque era mucho trabajo. Además, empezó a preguntarse King, ¿no había algo raro en el hecho de esforzarse tanto por ocultar la realidad cotidiana de sus vidas a las personas que llamaban sus amigos, o de las que querían ser amigos? Podría incluso definirse la amistad como el tipo de relación entre personas que no puede peligrar por un pasto sin cortar o una alfombra por la que no se pasó la aspiradora. Así que King y su mujer tomaron una decisión admirablemente imperfeccionista: empezarían a invitar a amigos a cenar a su casa estuviera en el estado que estuviera, y les darían de comer lo que hubiera en la cocina. Como explicó más adelante en un sermón dominical:

> Hospitalidad descuidada significa que no esperas que todo en tu casa esté en perfecto orden antes de invitar y dar de comer a tus amigos en tu hogar. Hospitalidad descuidada significa que prefieres una buena conversación y servir una comida sencilla con lo que tienes, no con lo que no tienes. Hospitalidad descuidada significa que te interesa más una conversación de calidad que la impresión que puedan dar tu casa o tu jardín.

Como concepto, la hospitalidad descuidada ya sería de por sí interesante aunque no consistiera más que en darse permiso para esforzarse un poco menos en tener la casa impoluta. Pero King apuntaba a algo más profundo: estar dispuesto a dejar que los demás vean tu vida como es de verdad puede ser también un acto positivo de generosidad hacia ellos. Incluso antes de conocer la obra de King, yo ya había observado una extraña contradicción en mi propia actitud hacia el caos doméstico. Si veía, por ejemplo, en mi casa migajas debajo del refrigerador o cartas inexplicablemente apiladas encima del tostador pocas horas antes de la llegada de unos invitados, me apresuraba a recogerlas. Si descubría un escusado al que alguien no le había jalado de la cadena —que es algo que en las casas con niños pequeños ocurre— lanzaba un suspiro de alivio por haber descubierto semejante descuido a tiempo. Pero si veía migajas o cartas perdidas en la casa de unos amigos, me sentía misteriosamente privilegiado, como si me hubieran concedido un pase VIP a sus vidas: aquello quería decir que éramos amigos de verdad. Ni un escusado al que alguien no le hubiera jalado la cadena habría suscitado la menor crítica en mí. ¿Por qué debería?

Montar un gran despliegue para las visitas es erigir una fachada, y no hay nada intrínsecamente malo en ello: a algunos de nosotros nos encanta poder levantar una, y cuanto más fascinante mejor. Pero la idea de que esa fachada es obligatoria si quieres tener visitas parece partir del supuesto de que hay algo incompleto o inadecuado en tu vida el resto del tiempo. Y como la casa de tus invitados seguramente sea también un caos, incluso es posible que insinúe que también hay algo malo en su vida. No es de extrañar que suspender toda esa representación forje un vínculo más fuerte. La primera vez que veo la cocina caótica de un amigo es como el momento, en una toma falsa, en el que dos actores no pueden evitar salirse de su personaje y desternillarse de risa. En teoría no debería estar pasando, pero siempre resulta maravillosamente real cuando lo hace.

Desde luego, las ventajas de dejar que las fachadas se desmoronen no se circunscriben a las cenas con invitados. Los estudios que se han hecho sobre el síndrome del impostor proporcionan otro rico muestrario de ejemplos. Podría pensarse que una buena manera de que quienes se sienten como un fraude en el trabajo adquieran más seguridad en sí mismos sería ponerles en contacto con mentores que les sirvan de ejemplo. Pero cuando las sociólogas Jessica Collett y Jade Avelis estudiaron el síndrome de la impostora entre investigadoras que estaban al principio de su carrera, descubrieron una desagradable ironía: los programas de mentoría que emparejaban a mujeres jóvenes con otras con más experiencia hacían que las jóvenes se sintieran aún más inseguras e inadecuadas, porque se comparaban negativamente con aquellas veteranas con tantos logros a sus espaldas. («Una dijo que sospechaba que su mentora era en secreto Superwoman —mencionaba un informe del estudio—. ¿Cómo podría estar ella jamás a la altura de ese ejemplo?»). Lo que parece funcionar mucho mejor es animar a los mentores a ser más sinceros sobre sus propios fracasos y dificultades: la verdadera seguridad en uno mismo surge no cuando la ves en los demás, sino cuando te das cuenta de que no es el único que carece de ella.

El escritor cristiano David Zahl llama a la visión de la humanidad en la que nos relacionamos con los demás a partir del supuesto de que todo el mundo es imperfecto, atraviesa dificultades y es propenso al desastre con la expresión «baja antropología». Es lo opuesto a la «alta antropología», en la que fijamos, llenos de optimismo, nuestra atención en las grandes cosas que esperamos de los demás y de nosotros mismos, y que con demasiada frecuencia conduce a la ansiedad, el prejuicio, el rencor y el desgaste. «La alta antropología cree que a las personas las definen sus mejores días y sus grandes logros, sus sueños y sus aspiraciones —señala Zahl—. La baja antropología presupone un eje conductor de angustia e inseguridad [y] que la mayor parte de nuestra energía mental se concentra en asuntos que nos incomodaría o incluso nos avergonzaría que se supieran en público». E ilustra lo que quiere decir comparando el famoso discurso de Steve Jobs en la ceremonia de inauguración del curso universitario de 2005, en el que el fundador de Apple instaba a su público a buscar sin descanso un trabajo que les apasionara y a nunca conformarse con menos, con estas palabras de la escritora Anne Lamott:

> Todo el mundo está jodido, destrozado, necesitado y asustado, incluso las personas que parecen tenerlo todo más o menos bajo control. Se parecen mucho más a ti de lo que creerías. Así que trata de no comparar tu interior con su exterior.

A primera vista, Jobs se dirige a sus oyentes como si todos ellos fueran capaces de transformar el mundo y hacerse multimillonarios, mientras que Lamott tacha a la humanidad entera de bola de fracasados. Pero hay mucha presión en el llamamiento teóricamente motivador de Jobs a seguir luchando hasta descubrir tu vocación, el tipo de presión que es fácil imaginar que pudiera hacer que algunos de los oyentes se inhibieran a la hora de forjarse su propio camino, más que animarse a hacerlo, por miedo a no estar a la altura. En cambio, al leer a Lamott, «notas como se te descontracturan los hombros», señala Zahl. La prisión desaparece. «Lo que parece un insulto en realidad es liberador».

Y no liberador solo en el sentido de que te permite relajarte, sino también de que eres libre de actuar. Saber que no tengo que proyectar una fachada de talento sin fisuras antes de emprender una empresa titánica o establecer una relación con alguien —porque sé que todo el mundo tiene un mundo interior igual de desastroso que el mío— hace que sea más probable que lo haga. Además, algo en el hecho de que estemos todos en la misma situación hace que me sienta apoyado por los demás en lo que hago, en lugar de metido en una estresante competencia donde solo uno puede ganar. Nuestros días se convierten en un prolongado ejercicio de hospitalidad descuidada mutua, en una cena con invitados en la que todos cocinamos para los demás, y nadie finge que lo que estamos comiendo es nada más complicado que unos espaguetis con tomate, y la falta de pretensiones es precisamente lo que lo convierte en algo agradable y lleno de vida.

Día 25

No se puede hacer acopio de la vida

Sobre dejar que los momentos ocurran

> El existir de las cosas finitas, como tal, consiste en tener el germen del perecer como su ser-dentro-de-sí; la hora de su nacimiento es la hora de su muerte.
>
> G. W. F. Hegel

Hace un par de años, mi familia y yo nos trasladamos de Brooklyn a los North York Moors del norte de Inglaterra, lo que significa que muchas veces, por las mañanas temprano, con un termo de café caliente en la mano, paseo por un sendero con unas vistas espectaculares, más allá de un valle, a una cumbre cubierta de arbustos de brezo que hay al otro lado. En invierno, la luz rosada del amanecer se derrama poco a poco sobre los campos cubiertos de nieve; en primavera y verano, una lechuza planea descendiendo en picada por el camino. Es un paisaje mágico que he adorado desde niño.

Te sorprendería la cantidad de veces que encuentro la manera de sentirme mal por ello.

O quizá no, dado que la tendencia a convertir experiencias memorables en experiencias estresantes está bastante extendida. Si tuviera que traducir en palabras la sensación de estrés, sería más o menos algo así: «¡Qué maravilla! Es el tipo de lugar en el que siempre he querido vivir y el tipo de actividad que siempre he querido hacer por las mañanas, así que más me vale aprovechar la experiencia al máximo y, además, hacer todo lo posible para seguir teniéndola siempre, ¡porque es como si ya se me escapara!». Aunque, en gran medida, la sensación de la que hablo no es una cuestión de palabras, sino más bien un apretar o un agarrar, un intento de aferrarme a lo que está ocurriendo para extraerle todo el valor posible, y reclamarlo de algún modo como mío. No hace falta decir que es una manera muy poco adecuada de disfrutar de la experiencia.

Entre las tradiciones espirituales, el budismo es la que aborda con especial perspicacia esta forma específica de sufrimiento, el modo en que nos amargamos la existencia más de lo necesario no solo despotricando contra las experiencias negativas que estamos teniendo o suspirando por las que no, sino esforzándonos demasiado por aferrarnos a las cosas buenas que están pasado exactamente como queríamos que pasaran. Eso es lo que ocurre cada vez que no consigues disfrutar de un instante en la naturaleza, o con un recién nacido, o de una comida excepcional porque estás demasiado concentrado en intentar saborearlo o en prolongarlo de algún modo. Es también lo que ocurre cuando estás demasiado ocupado tratando de «generar recuerdos» de una experiencia para poder reflexionar luego sobre ella; o, peor aún, para publicar imágenes en las redes sociales. Otra versión del mismo fenómeno se produce al final de un día en el que fuiste especialmente productivo o cumpliste como nunca con tu rutina de ejercicios, pero en el que, en lugar de pensar «¡fue un gran día!» y disfrutar de lo conseguido, te descubres pensando: «¡Sí! ¡Así debería ser siempre, y mi trabajo ahora es asegurarme de que este sea solo el primero de muchos días más como este!». Enhorabuena: convertiste una fuente potencial de satisfacción en un motivo de más estrés.

En todos esos casos, de formas distintas, estás estrujando la experiencia para intentar sacar más de ella: un nivel adicional de disfrute, motivación para futuros éxitos o cualquier otra cosa. Pero la realidad, desde el punto de vista intelectual tan fácil de entender, es que resulta perjudicial enfocar las buenas experiencias de ese modo: están para vivirlas, no para aferrarse a ellas. Pasarse el día intentando tener más experiencias en tu haber para acumular el mayor número de ellas o para sentirte más seguro de que seguirás teniéndolas significa que nunca llegas a disfrutarlas del todo, porque hay otro plan oculto en juego. Es bonito coleccionar recuerdos, claro que sí, pero el modo de hacerlo no es esforzándote por acumularlos. Es viviéndolos lo más plenamente posible, para recordarlos con nitidez luego.

«Tal vez toda ansiedad —reflexiona Sarah Manguso— se derive de una fijación por los momentos, de una incapacidad para aceptar la vida como algo que está en curso». Nuestro intento de aferrarnos a las experiencias fugaces pone de manifiesto el deseo de almacenarlas, de usarlas para fines futuros, de congelar el tiempo o de resistirnos de cualquier otra forma a la realidad de que esto es todo lo que hay. Y, aun así, de nuestra mortalidad se desprende que el valor de cualquier cosa buena que esté pasando ahora mismo debe residir, al menos en parte, en nuestra experiencia de esa cosa mientras ocurre, y no en cómo podríamos apropiarnos de ella en nuestro proyecto a largo plazo de intentar sentirnos menos mortales. Cuando digo que me gustaría contemplar el valle cada mañana «para siempre» estoy negando mi mortalidad de una manera bastante evidente, porque incluso aunque nunca fuera a cambiarme de casa y a vivir hasta los ciento treinta años, no habría ningún «siempre» en ello. Serían solo unas cuantas décadas más de cafés matutinos, una partícula de tiempo que no llegaría ni a invisible ante el contexto de los eones. Todo ese apretar y agarrar por mi parte no habría servido en lo más mínimo para que la experiencia fuera permanente.

Compara esos esfuerzos por aferrarte a la experiencia con el espíritu de la ceremonia del té japonesa, en la que la fugacidad se entiende no como una amenaza hacia lo que está sucediendo, sino como el origen de su valor. La exquisita precisión del ritual tiene como objetivo articular y honrar la naturaleza irrepetible e inabarcable del momento en el que ocurre, como describe el estadista japonés del siglo XIX Ii Naosuke:

> Debe prestarse una gran atención a una reunión del té, de la que podemos hablar como «una vez, una reunión» *(ichi-go, ichi-e)*. Aunque el anfitrión y los invitados quizá se vean a menudo en situaciones sociales, la reunión de un día nunca se repite exactamente. Visto así, el encuentro es, en efecto, una ocasión única en la vida.

Puedes celebrar un centenar de ceremonias del té; incluso puedes celebrarlas todas con las mismas personas. Pero esa ceremonia, esa taza de té, solo puedes tenerlas una vez.

Luego ese lapso se evapora para siempre. Si no lo hiciera —si, desafiando toda lógica, de algún modo persistiera y pudieras volver a él siempre que quisieras y tanto como quisieras— sería infinitamente menos especial. La transitoriedad es la clave.

Los días que me permito ir por la vida de esa manera menos engarrotada, las cosas son mucho más naturalmente agradables, porque no me estoy obligando a apreciarlas o a sentirme agradecido por ellas. Cuanto menos intento sacar algo de una experiencia, más descubro que soy capaz de sumergirme en ella, y más puedo estar presente para las demás personas involucradas en ella. Eso no quiere decir que la vida se convierta en una sucesión de alegrías ininterrumpidas; al fin y al cabo, es triste que surja un momento bonito y luego desaparezca. Pero es el tipo de tristeza que transmite la expresión japonesa *mono no aware*, una empatía melancólica hacia la fugacidad de las cosas, la clase de tristeza conmovedora que hace más profunda la experiencia sin restarle nada. Es lo que sientes cuando dejas de aferrarte al momento y, por tanto, de desvirtuar la forma en que lo experimentas, adentrándote en él más de lleno. Sintiéndote parte de él. Siendo él.

Día 26

Inconcebible

Sobre el consuelo de la duda

> No he encontrado en el edificio del pensamiento ninguna categoría sobre la que reposar la frente.
>
> E. M. Cioran

Un viejo chiste judío:

Un ilustre rabino está en su lecho de muerte. Sus estudiantes se ponen en fila, en orden de antigüedad, para presentarle sus respetos y esperan, conteniendo la respiración, sus últimas palabras. Finalmente, y con esfuerzo, el rabino abre los ojos y se dirige al más veterano de los estudiantes. «La vida —declara— es un río». El estudiante se vuelve hacia el siguiente estudiante más antiguo y el mensaje va pasando fila abajo: «El rabino dice que la vida es un río», «El rabino dice que la vida es un río». Solo el estudiante más novato, el último al que le llegan sus palabras, es lo bastante ingenuo para aventurar una pregunta: «Pero ¿qué quiere decir el rabino con "la vida es un río"?». La pregunta se traslada de unos a otros hasta que el estudiante más veterano, temblando por la osadía de cuestionar al maestro, consigue balbucir: «Mi rabino, lo siento, pero ¿qué quiere decir con "la vida es un río"?».

El anciano está a punto de morir. Pero abre los ojos por última vez y contempla al estudiante en silencio y sin pestañear. Luego se encoge de hombros y levanta las palmas de las manos.

«Bien —dice—. ¡Pues no es un río!».

A riesgo de sobreanalizar un chiste, creo que este en concreto (que descubrí en esta versión gracias al profesor del Hillsdale College Wilfred McClay) viene a decir que la verdadera sabiduría no tiene nada que ver con entender de qué trata la vida, sino con comprender el sentido en el que nunca llegarás a entenderla del todo.

Claro que esa no suele ser la premisa que gobierna nuestros días. A la hora de enfrentarnos al sinfín de problemas, grandes y pequeños, que nos plantea la existencia, tenemos un procedimiento de actuación estándar para responder a ellos, uno tan fundamental que incluso puede ser difícil darse cuenta de que es un procedimiento, o de que podría haber una alternativa. Funciona así: primero, intentas averiguar exactamente qué diablos está pasando. Y solo entonces, una vez que estás seguro de que te hiciste una idea de la situación, pasas a la acción.

Cuando la primera parte de este proceso —la de averiguar qué pasa— va demasiado lejos, lo llamamos «parálisis por análisis». La expresión describe el fenómeno de darle vueltas incesantemente a las cosas, para tener más información sobre ellas y por indecisión. Pero pocos de nosotros ponemos en duda la estrategia en sí. Y cuando la estrategia fracasa —cuando no pareces ser capaz de entender lo que te está pasando, o lo que le está pasando al mundo en general— la experiencia puede ser muy inquietante. Al fin y al cabo, es verdaderamente difícil relajarse cuando no tienes ni idea de hacia dónde va tu carrera, si tu actual relación de pareja tiene futuro o lo que la aparición de la inteligencia artificial puede suponer para tu sector o para la sobrevivencia de la especie.

Se trata de un contexto más en el que puede ser útil tratar de imaginarse cómo viviría esa misma situación un campesino medieval o cualquier persona, en realidad, de cualquier momento de la historia en el que el ser humano experimentaba la vida de una forma mucho más incierta que ahora, pero teniendo quizá las ideas más claras en cuanto a las limitaciones humanas. Por aquel entonces podías no saber con certeza qué había provocado una hambruna o un brote epidémico, ni estar seguro de que un eclipse total no presagiara el fin del mundo. No tenías manera de averiguar si la fiebre de un miembro de la familia lo mataría o no. La tradición y la religión ofrecían algunas explicaciones generales, y prescribían rituales de todo tipo. Pero obtener cualquier tipo de certeza era tan difícil que jamás se te habría ocurrido poner como condición previa para pasar a la acción tener primero una sólida comprensión desde el punto de vista intelectual de tu situación concreta. Te habrías acostumbrado a ir por la vida envuelto en la incertidumbre respecto a casi todo lo que estaba ocurriendo, o a lo que podría suceder a continuación.

En este libro nos centramos en lo que se desprende del hecho de que estemos tan limitados respecto a lo que podemos hacer, al tiempo de que disponemos y al control que somos capaces de ejercer. Pero nos ata también una limitación intelectual presumiblemente aún más básica, que es fácil perder de vista en esta era de la información y de los conocimientos científicos avanzados: no podemos dar por hecho, en ningún momento, que seremos siquiera capaces de entender lo que está pasando o cuál sería una respuesta razonable para ello.

Pero ¿y si «hacerte una idea de la situación» de ese modo no siempre fuera necesario? ¿Y si, de hecho, fuera un obstáculo para tener una experiencia más plena de la vida? La comparación medieval anterior la tomé de John Tarrant (al que conocimos el día veintiuno, al hablar de la distracción y la interrupción), el cual ilustraba ese argumento con uno de los ejemplos más desgarradores que es posible imaginar: el de una mujer a la que se le murió una hija y que se sentía incapaz de asimilar lo que había ocurrido. Sus amigos, con la mejor de las intenciones, intentaron ayudarla a recuperar el sentido de la vida. Pero el sentido no aparecía por ninguna parte; de hecho, intentar verle un propósito tras semejante desgracia solo parecía empeorar las cosas. Lo que al final le proporcionó un poco de paz a aquella mujer, e hizo que empezara a pensar en salir adelante, fue darse cuenta de que quizá, al fin y al cabo, no necesitaba ni tener una comprensión cabal de lo que le estaba ocurriendo ni encontrar una sensación permanente de sentido. En palabras de Tarrant:

> Aceptó que su vida estaba ahora fuera de todo lo que se había imaginado; no había ningún motivo para vivir y, al mismo tiempo, no había ninguna razón por la que no pudiera sobrevivir o sentir alegría. [...] Tenía que vivir por el mero hecho de vivir, sin justificaciones ni logros. Se dio cuenta de que estaba dispuesta a hacerlo. También vio que tomar ese camino era un gesto de generosidad hacia su hija.

Y si no necesitar hacerte una idea sobre lo que está pasando puede proporcionarte un cierto consuelo y un cierto respiro en esa situación, ¿cómo podría ayudarnos a sobreponernos a la infinidad de problemas mucho menos importantes que ese que nos asaltan a todas horas? ¿De qué forma útil podrías pasar hoy a la acción en un proyecto importante, pese a no saber, en realidad, cómo deberías proceder más allá de ese paso inicial? ¿Qué situación en tu vida podrías arreglar, qué relación mejorar, qué comportamiento alterar, sin entender del todo lo que salió mal de entrada? (Hay personas que se pasan la vida tratando de encontrarle un sentido a la historia de su infancia, y eso a veces ayuda; pero a menudo hay también algo compulsivo en ese atar cabos, y puede ser mejor darle un descanso). Visto de forma quizá aún más radical, ¿qué satisfacción adicional podrías tener en la vida o qué diversión podría proporcionarte vislumbrar algo que para las personas premodernas debía llegar de forma intuitiva como es que, puesto que la vida es tan inherentemente confusa y precaria, entonces la alegría, en caso de poder hallarse, debe poder hallarse ahora, en medio de la confusión y la precariedad?

A los que estamos acostumbrados a confiar en nuestro intelecto para ir por la vida puede ponernos nerviosos la idea de apoyarnos menos en él, de no detenernos siempre a investigar o a pensar bien las cosas antes de hacer lo que nos dice el instinto. Y eso que a lo largo de la historia de la humanidad debe haber sido de lo más frecuente sentirse a la deriva en un mundo de misterios, y forzado a actuar a partir solo de corazonadas. Así que no debería avergonzarte sentir que no lo sabes todo sobre el sector en el que trabajas, o sobre ligar, o sobre tener una relación de pareja o sobre cómo ser padre o madre. No significa que algo esté mal, y no significa que no puedas actuar de forma constructiva —o, al contrario, relajarte— hasta que tengas las respuestas. Solo significa que nuestra capacidad de entender nuestra infinitamente compleja realidad es limitada. Por lo que sería absurdo que fuera un impedimento para vivir en ella.

Día 27

C'est fait par du monde

Sobre intentarlo

> La vida es como tocar un solo de violín en público y aprender cómo se toca el instrumento sobre la marcha.
>
> SAMUEL BUTLER

«Pero si no aspiráramos a lo imposible —me preguntó una vez alguien en un acto público—, ¿acaso se habrían llevado a cabo todos los avances científicos que hemos hecho? Personas como Steve Jobs o Thomas Edison, ¿no hicieron lo que hicieron porque desafiaron los límites?». La pregunta, que parafraseo de memoria, viene a referirse a algo que nos preocupa, y es comprensible, en relación con la idea de aceptar nuestras limitaciones. ¿No es fundamental precisamente que nos neguemos a aceptar nuestros límites para superar el *statu quo*, para rebatir la premisa de que la vida, tal como la conocemos, nunca va a ser mejor de lo que es?

La respuesta, creo, es en gran parte que confundimos dos significados distintos de la palabra «imposible». Cuando en este libro digo que algo es imposible me refiero directamente a que no puede hacerse, según las leyes más fundamentales que rigen a los humanos en el espacio y el tiempo. No es posible estar en dos sitios a la vez; no dispones de tiempo ilimitado; no puedes saber a ciencia cierta lo que te depara el futuro; jamás llegarás a ser tan eficiente que ningún volumen de trabajo entrante pueda sobrepasarte. (Supongo que debería dejar constancia de que los avances en las fronteras de la tecnología, como duplicar y transferir una conciencia humana, podrían cambiar, algún día, algunas de esas premisas. Pero dejemos eso a un lado de momento). Quien me hacía la pregunta se refería a logros que en su día parecieron asombrosos —la erradicación de la viruela, por ejemplo, o la invención de la bombilla eléctrica, o al menos del iPhone—, y tenía razón al decir que la humanidad necesita a personas que se nieguen a considerar imposibles ese tipo de ideas. Pero la relación entre los dos tipos de «imposible» funciona en realidad al revés. En otras palabras: cuanto más dispuesto estés a reconocer sin reservas los límites evidentes de la finitud humana, más fácil te resultará hacer lo que otros podrían tachar de imposible. En cuanto dejas de esforzarte por tenerlo todo al día o por hacerlo todo perfecto, te ves recompensado con el tiempo, la energía y la libertad psicológica de lograr lo máximo de lo que cualquiera sería capaz.

No he visto esa idea mejor resumida que en la frase que un anónimo usuario de internet atribuyó a su abuela francocanadiense, que, por lo visto, no dejaba de pronunciarla siempre que un miembro de la familia expresaba una admiración por una obra de arte sensacional o por un avance tecnológico asombroso. «*C'est fait par du monde*». Lo que quiere decir: «Lo hizo gente». Es una verdad indiscutible: si algo existe en la realidad y no formaba ya parte del entorno natural, entonces debe de estar hecho por una o más personas imperfectas y mortales, ninguna de las cuales tenía más capacidad que tú de vencer sus limitaciones humanas intrínsecas. ¿La mejor novela que has leído? La escribió una persona. ¿La organización filantrópica más eficaz del planeta? Personas. ¿El Golden Gate, las pirámides de Giza y el palacio de Versalles? Más personas. Y el corolario, claro está, es que, si unas personas hicieron todo eso, no hay ninguna razón por la que tú no puedas hacer o contribuir a hacer también cosas increíbles.

Desde luego, de ello no se desprende que puedas hacer cualquier cosa concreta que te propongas. Hay personas imperfectas y mortales que pilotan aviones y operan a corazón abierto cada día, pero no hay duda de que casi todos nosotros deberíamos evitar tratar de emularlas. Y el talento es, al menos en parte, innato: dudo que haya ninguna intervención educativa, ni aunque que costara millones y hubiera empezado a actuar desde mi nacimiento, que hubiera podido llevarme a ganar la medalla Fields en matemáticas. Las circunstancias económicas imponen límites aún más duros a lo que muchas personas tienen la oportunidad de llevar a cabo. Aun así, sigue siendo válido que nada que haya hecho nunca nadie ha requerido de capacidades sobrehumanas para hacerse realidad.

Lo que me lleva a L. Ron Hubbard, el fundador de la Cienciología, y a una observación que me preocupa que pueda sonar como un halago. Así que empecemos constatando lo evidente, que es que la Cienciología ha recibido muchas críticas, y que Hubbard, al menos según *Cienciología: Hollywood y la prisión de la fe*, el libro de Lawrence Wright de 2013, era un notorio mujeriego, un narcisista violento y un fabulador. (Un ejemplo: le gustaba contar que había torpedeado submarinos japoneses como capitán de un barco de la Armada estadounidense durante la Segunda Guerra Mundial, pero, según Wright, en realidad disparaba a la nada, o como mucho a troncos flotando en el océano). El único rasgo de Hubbard digno de elogio es el siguiente: decidió que iba a fundar una religión y se lanzó a hacerlo. Lo estrambótico o difícil de la tarea no le pareció ningún obstáculo. Viendo viejas imágenes de archivo de las charlas que dio en el Reino Unido en la década de 1960, antes de huir de las autoridades, es como si se estuviera inventando la Cienciología. No me refiero solo a que las disparatadas historias de Hubbard sobre gobernantes intergalácticos que atrapan a la gente en volcanes y las aniquilan con bombas de hidrógeno salieran de su imaginación, como es evidente que lo hicieron. Mi (indemostrable) teoría es que Hubbard iba inventándose las cosas sobre la marcha. «Recuerdo que una vez, hace unos 12 billones de años», empieza una de sus inagotables anécdotas, que en apariencia no había dedicado ni un minuto a preparar. No solo inventó una religión, sino que la improvisó, y de mala manera. ¡Y funcionó! Eso es tener seguridad en uno mismo, aunque el uso que se le diera fuera desafortunado.

La lección, repito, no es que debas fundar una religión; es que, si ese viejo charlatán pudo hacerlo, probablemente tú puedas darle una oportunidad a cualquier proyecto que te esté haciendo dudar de ti mismo, y que no hay motivo por el que no puedas ser tú el que haga fortuna o cambie el curso del mundo como resultado. Del mismo modo, si has estado pensando en llevar a cabo un cambio radical en tu vida —viajar por todo el mundo pese a tener ya una edad, por ejemplo, o educar a tus hijos al margen del sistema escolar— existe una buena posibilidad de que puedas arañar los recursos necesarios y encontrar la forma de hacerlo. No tendrás la sensación de saber lo que estás haciendo, pero nadie la tiene nunca, porque así son las cosas para los humanos mortales cuando prueban cosas nuevas. La principal diferencia entre los que aun así consiguieron grandes logros y los que no es que a los primeros no les importó no saberlo. No eran menos imperfectos ni menos mortales que tú. Todo lo que consiguieron lo hicieron personas.

Día 28

Lo que importa

Sobre encontrar tu camino

> Del rabino Simcha Bunim se decía que llevaba dos trozos de papel, uno en cada bolsillo. En uno ponía «Por mí se creó el mundo». En el otro, «No soy más que polvo y cenizas». Sacaba un trozo de papel u otro según fuera necesario, como recordatorio para sí mismo.
>
> Toba Spitzer

En sus *Meditaciones*, Marco Aurelio recomienda un ejercicio mental que hoy podríamos llamar «abrir plano»: siempre que te sientas angustiado o sobrepasado —o, al revés, demasiado orgulloso de ti mismo— intenta hacer que tu conciencia de la realidad pase de tu pequeña parcela de terreno al mundo en su totalidad. Eso pondrá las cosas en perspectiva. Aún mejor: examina tu momento en el tiempo en el contexto de los eones:

> Reflexiona repetidamente sobre la rapidez de tránsito y alejamiento de los seres existentes y de los acontecimientos.

> Porque la sustancia es como un río en incesante fluir, las actividades están cambiando de continuo y las causas sufren innumerables alteraciones. Casi nada persiste y muy cerca está este abismo infinito del pasado y del futuro, en el que todo se desvanece. ¿Cómo, pues, no va a estar loco el que en estas circunstancias se enorgullece, se desespera o se queja en base a que sufrió alguna molestia cierto tiempo e incluso largo tiempo?

Siempre me sorprende lo que me relaja pensar en mi casi total falta de importancia en el gran esquema de las cosas. Podría parecer que una reflexión así debería resultar deprimente o desmotivadora. Pero yo la vivo como una liberación: dejo caer los hombros, dejo escapar el aire. La verdad, en palabras de un maestro espiritual, es que la realidad no necesita de mi ayuda para seguir adelante. Seguirá existiendo sin mí. Lo cual es evidente, pese a que el estrés que por lo general asociamos a nuestros esfuerzos por resolver nuestros pequeños problemas parecería indicar lo contrario.

Aunque eso plantea una pregunta inquietante. Si nada de lo que hacemos ninguno de nosotros tiene importancia, en el caso de que abras plano lo suficiente, ¿qué sentido tiene hacer nada?

Llegamos al final de este viaje hacia la finitud. Durante estas cuatro semanas enfrentamos lo que significa aceptar que siempre habrá demasiado por hacer, y que el futuro siempre quedará fuera de nuestro control. Analizamos el papel de las acciones audaces e imperfectas en una existencia mortal plena; cómo a menudo es más inteligente quitarse de en medio y dejar que la realidad suceda; y lo que supone estar presente, de la forma más completa posible, para una vida humana mortal. Y en todo este tiempo eludí lo que algunos quizá vean como mi único trabajo en un libro como este: explicar cuáles son las cosas —qué proyectos, actividades, relaciones y experiencias— hacen que la vida tenga más sentido. La razón es que yo no sé cuáles son en tu caso, y además estoy seguro de que el valor intrínseco de cualquier respuesta reside en que cada uno llegue a ella por sí mismo. Hay pocas maneras más certeras de destruir cualquier sensación de sentido, o de la efervescencia o vivacidad que Hartmut Rosa llama resonancia, que intentar poner en práctica la lista de «maneras satisfactorias de vivir» de cualquier libro. Además de que esa lista es siempre la misma: cuida tus relaciones personales, márcate objetivos ambiciosos, pasa tiempo en la naturaleza y deja espacio para la diversión. Ya te la sabes. Si bastara con seguir una lista, habríamos resuelto el problema de la felicidad humana hace mucho tiempo.

Así que no acabaré este libro revelando el sentido de la vida. Pero sí tengo unas cuantas reflexiones.

La primera es que no debe concluirse, de nuestra insignificancia cósmica como individuos, que nuestras acciones no importan. La idea de que las cosas solo cuentan si cuentan a gran escala es una manifestación más de lo mucho que nos incomoda la finitud. Aceptar que podrían contar solo de forma transitoria o local nos obliga a enfrentarnos a nuestros límites y nuestra mortalidad, así que, para evitarnos ese disgusto, como explica el filósofo Iddo Landau, tendemos hacia un estándar innecesariamente grandioso de lo que importa, y luego nos desmoralizamos cuando nuestros logros no están a la altura. Nos sentimos presionados a hacer algo extraordinario con nuestra vida, o que tenga un mérito extraordinario, o que aplaudan un número extraordinario de personas, pese a que, por definición, solo unas cuantas personas pueden ser extraordinarias en un ámbito determinado. (Si todos destacáramos entre la multitud, no habría multitud entre la que destacar). ¿Por qué una carrera anónima dedicada a ayudar discretamente a unas cuantas personas no debería poder considerarse una forma significativa de invertir el tiempo? ¿Por qué no deberían contar una conversación absorbente, un acto de amabilidad o una excursión estimulante? ¿Por qué adoptar una definición que descarta ese tipo de cosas?

También puede ser esclarecedor darse cuenta del momento en el que nuestras teorías intelectuales sobre lo que es importante se desmoronan frente a la sensación intuitiva de que lo que estamos haciendo tiene sentido, digan lo que digan las teorías. El escritor Charles Eisenstein cuenta la historia de un amigo, un destacado activista, que abandonó gran parte de su labor pública para cuidar de su suegra de noventa y cinco años. Eisenstein se imagina las reacciones de sus compañeros de activismo: ¿cómo podía justificar emplear su tiempo en algo así, tal como estaba el mundo? He visto utilizar argumentos similares a quienes temen que la inteligencia artificial acabe con la humanidad: si existe aunque sea una mínima probabilidad de que sea cierto, ¿cómo puede alguien dedicar su limitado tiempo a otra cosa? La respuesta tiene que ser que a veces sabes que estás haciendo algo que importa. Lejos de utilizar cálculos utilitarios para intentar acallar esa sensación, creo que tenemos una obligación hacia ella. Podría encerrar más sabiduría de lo que nuestro limitado razonamiento puede comprender. No me supone ningún problema decir que si de un sistema de valores determinado se desprende que, por ejemplo, cuidar de una anciana de noventa y cinco años que necesita ayuda es malgastar tu tiempo, entonces el problema lo tiene el sistema de valores, no el acto de cuidar.

Hay otro supuesto que tendemos a no cuestionar al pensar en lo que importa, que es la noción sutil de que estamos, en lo fundamental, separados del resto de la realidad. (Como vimos el día cuatro, utilizamos a menudo la productividad para intentar ganarnos de nuevo el derecho a pertenecer a algo). Según ese razonamiento, llegamos al mundo como individuos solitarios, y es como individuos solitarios, en definitiva, como debemos afrontar el reto de utilizar nuestro tiempo, incluso si decidimos dar prioridad a las relaciones personales, la solidaridad política o el asociacionismo. Sin embargo, como le gustaba señalar al filósofo zen Alan Watts, tiene el mismo sentido decir que venimos del mundo; que, de la misma forma que un árbol florece, el universo «personea». Somos una de sus manifestaciones. Nuestro ser es inseparable de nuestro contexto o, en palabras de Thích Nhất Hạnh, «inter-somos»; mi existencia sería completamente imposible sin una infinidad de personas y de cosas que por lo general veo como separadas de mí. Quizá la expresión última de nuestra finitud sea el hecho de que pertenecemos irrevocablemente al mundo, nos guste o no. Siendo así, entonces quizá nuestra responsabilidad no sea entenderlo, ni tampoco justificarnos ante él, sino encarnar lo más completamente posible la expresión momentánea de él que somos.

Desde esa perspectiva, no tiene sentido juzgar tus actividades por los estándares inalcanzables de un dios, ni fustigarte por tener solo un impacto minúsculo sobre el conjunto. En primer lugar, el objetivo de tus esfuerzos no tiene por qué ser «tenerlo todo al día», y aún menos imaginar que conseguirás tener la menor sensación de seguridad respecto a las crisis que asolan el planeta, y que sin duda alguna seguirán asolándolo mucho después de que te hayas ido. En lugar de eso, puedes volcarte en tareas que te importan, solo porque nada podría ser más estimulante, o más fiel a la situación en la que te encuentras. Puedes proceder en el espíritu espléndidamente imperfeccionista del ecofilósofo Derrick Jensen, que dice: «Lo bueno de que todo esté tan jodido es que, mires donde mires, hay mucho trabajo por hacer».

Podrías no haber nacido, pero el destino te concedió la oportunidad de quedar atrapado en el caos que ves a tu alrededor, sea cual sea. Estás aquí. No hay más. No eres muy importante, pero importas tanto como cualquiera. El río del tiempo fluye inexorablemente; se nos ha dado la posibilidad —asombrosa, frustrante y maravillosa— de navegar por él.

Epílogo

Imperfectamente hacia delante

> Ahí estaba el gato, dormido. Pidió una taza de café, la endulzó lentamente, la probó (ese placer le había sido vedado en la clínica) y pensó, mientras alisaba el negro pelaje, que aquel contacto era ilusorio y que estaban como separados por un cristal, porque el hombre vive en el tiempo, en la sucesión, y el mágico animal, en la actualidad, en la eternidad del instante.
>
> Jorge Luis Borges

Si me has acompañado hasta aquí, confío en que no te escandalice demasiado saber que, pese al subtítulo de este libro, nadie debería esperar aceptar de lleno sus límites, afrontar su mortalidad y descubrir la libertad psicológica en solo cuatro semanas. Esas promesas de la autoayuda de «un abdomen definido en seis semanas» o «treinta días para liberarte del estrés» quizá se rompan más de lo que se mantienen, pero, por lo que se refiere al imperfeccionismo, es peor, porque, por definición, el viaje no se acaba nunca. Si yo diera a entender que completarlo es posible, estaría alimentando la misma vieja fantasía de que puedes solucionar tu vida, solo que de un modo ligeramente menos sofisticado. La verdad es que nunca podrás estar seguro de que un reto imposible o una elección desafortunada no estén a la vuelta de la esquina, o de que los proyectos que espero que te sientas con renovadas ganas de emprender se verán coronados por el éxito. La maestra espiritual Joan Tollifson llama a nuestro anhelo de finalidad «la compulsión por pasar página», una especie de tic —muy disculpable— que el mundo nunca puede satisfacer y que, por lo tanto, quizá podríamos aprender a relajar poco a poco, para ocupar con menos reservas nuestro lugar en el interminable flujo de la realidad, como parte de él.

Más allá del hecho de que no deberías esperar transformar tu vida en cuatro semanas, puede ser sorprendentemente liberador darte cuenta de que, en algunos ámbitos, quizá no la cambies nunca, y no pasa nada. El psicoterapeuta Bruce Tift pone sobre la mesa la siguiente reflexión: escoge el rasgo que más te moleste sobre ti o sobre tu vida —tu tendencia a procrastinar o a distraerte, quizá, o ser de mecha corta o propenso al pesimismo— y luego pregúntate qué sientes al imaginar que alguna versión de ese rasgo pueda perseguirte hasta el fin de tus días. ¿Y si yo siempre fuera a reaccionar con ansiedad —los retortijones en el estómago, la respiración agitada— ante acontecimientos menores que no lo justifican? Mi primera reacción es sentirme abatido; pero poco después llega el alivio. Puedo abandonar esa batalla inútil, lo que significa que no tengo que esperar a ganarla para sumergirme en la realidad. Quizá nunca ha sido necesario que cambiara para justificar mi existencia. Quizá siempre he estado capacitado para la tarea de labrarme una vida con sentido.

Una cuestión estrechamente relacionada con la anterior: si este libro te ha motivado de algún modo, quizá te sientas tentado, en este mismo instante, a empezar de cero, a decidir que, a partir de hoy —o de la semana que viene, una vez que te hayas quitado de en medio unos cuantos asuntos urgentes— lo harás todo de otro modo, para siempre. Ese es un impulso al que vale la pena resistirse: es una actitud perfeccionista hacia el imperfeccionismo, y lleva a un fracaso asegurado. Nuestras limitaciones hacen que empezar de cero sea imposible: ya estás aquí, en el tiempo, y todo lo que ha ocurrido hasta ahora te ha hecho lo que eres, con la personalidad, los recursos y las dificultades que te has encontrado. Arruinar tu fuerza de voluntad y empeñarte en dejar todo eso atrás es improbable que cambie gran cosa. Por otro lado, aceptar más plenamente que eres quien eres, y que estás donde estás, sí podría marcar la diferencia, porque te permitiría abandonar el sueño de empezar de cero y hacer algo hoy que de verdad importe y que haga resonar de nuevo la vida.

Sería estupendo no tener que preocuparse por nada de eso, claro. Hay algo que envidiar en la vida interior de un gato, tal como la imaginaba Borges: como la mayoría de los animales no humanos, el gato, al menos hasta donde sabemos, vive solo en el aquí y ahora, y no tiene la capacidad de contemplar ninguna otra posibilidad. Los humanos pueden hacer muchas más cosas que los gatos, y probablemente experimentar un abanico de emociones mucho más amplio. Pero el precio que pagamos es el de enfrentarnos a determinadas verdades difíciles: que moriremos, que la vida se desarrolla un instante tras otro, que cada instante representa una elección entre formas contrapuestas de emplear nuestro tiempo —por lo que las decisiones agónicas y el descarte de caminos alternativos muy válidos son inevitables— y que nunca alcanzaremos la invulnerabilidad emocional, ni la sensación de tenerlo todo bajo control.

Como imperfeccionista, no hace falta que finjas que esa situación no tiene sus sinsabores, sus momentos de aflicción, sus rachas de soledad, confusión o desesperación. Pero tampoco tienes que luchar con tanto empeño como antes para convencerte a ti mismo de que las cosas no son así o que la existencia humana debería ser de otro modo. Eliges dejar en el suelo esa carga imposible, y volver a dejarla en el suelo en cuanto te das cuenta, como ocurrirá con frecuencia, de que volviste a recogerla sin querer. Y avanzas en la vida con un vigor mayor, con la mente más en paz, abriéndote más a los demás y, en tus mejores días, con el alborozo que nace de paladear el aire estimulante de la realidad.

Agradecimientos

Cada vez tengo más la sensación de que el proceso de escribir un libro no consiste en decidir lo que quieres que sea, sino en intentar averiguar qué quiere ser él. Sigo sin creerme del todo la suerte que tengo con la gente con la que hago esto. El proyecto cobró vida a partir de una serie de conversaciones con el sabio y animoso Robin Parmiter, y por medio de muchos mensajes con los lectores de mi boletín electrónico, a los que doy las gracias. No habría llegado a ninguna parte sin mis magníficas agentes, Claire Conrad y Melissa Flashman, que no tienen rival a la hora de salvar la brecha entre las ideas y que las cosas se hagan realidad en el mundo. He tenido el gran placer de colaborar una vez más con Stuart Williams, de The Bodley Head, y Eric Chinski, de Farrar, Straus and Giroux: sus comentarios y consejos editoriales, su generosa atención y su insistencia, amable pero firme, en aclarar mis ideas y argumentos hacen mejor lo que escribo. La creatividad y experiencia de muchos de sus colaboradores demostraron ser igualmente indispensables. Muchas gracias también a Emma Brockes, Merope Mills y Rachael Parmiter.

Tengo la mayor suerte de contar con el amor, la amistad y la sabiduría de Heather Chaplin, que hizo verdaderos sacrificios por este libro, y con Rowan Burkeman, que es sencillamente fantástico. Son el mejor recordatorio que tengo de lo que de verdad importa, y del hecho de que la vida es algo de lo que disfrutar, no solo con lo que lidiar. Si hay algo de verdadera vida en estas páginas se debe a ellos tanto como a mí.

Para saber más

Semana I: Ser mortal

La idea de que nuestro problema real no es ser mortales sino esforzarnos por escapar de la condición de ser mortales es un tema recurrente en las obras de autores zen; recomiendo el estimulante recopilatorio *La vida tal como es: Enseñanzas zen*, de Charlotte Joko Beck. Joan Tollifson aborda la cuestión desde una perspectiva más ecléctica en el maravillosamente titulado *Death: The End of Self-Improvement*, mientras que Kelly Kapic investiga su relevancia para los cristianos en *You're Only Human: How Your Limits Reflect God's Design and Why That's Good News*. (*Redeeming Your Time*, de Jordan Raynor, es otro libro cristiano repleto de consejos de productividad formulados desde la perspectiva de la mortalidad que no beben de ninguna creencia religiosa en concreto). Si eres de los que disfrutan de las duchas frías y de los triatlones extenuantes, quizá te interese explorar *Ser y tiempo*, de Martin Heidegger, o las charlas de Hubert Dreyfus sobre el filósofo alemán, disponibles en YouTube. La idea de que eres libre de hacer lo que quieras siempre y cuando estés dispuesto a afrontar las consecuencias procede del maravilloso libro de Sheldon Kopp *If You Meet the Buddha on the Road, Kill Him!: The Pilgrimage of Psychotherapy Patients*, y la noción existencialista de que el sentido se deriva de asumir la responsabilidad de tus acciones es la base del razonado libro de autoayuda de Sara Kuburic *Yo por mí: La felicidad empieza cuando decides ser tú*. (La mejor introducción al entorno y el mensaje de los existencialistas está en el libro de Sarah Bakewell *En el café de los existencialistas: Sexo, café y cigarrillos o cuando filosofar era provocador)*. Las citas de Robert Saltzman sobre nuestra incapacidad para controlar el futuro proceden de *The Ten Thousand Things*, que está lleno de muchas otras reflexiones concisas y sensatas sobre lo vulnerable de nuestra situación.

Semana II: Pasar a la acción

Recomendar libros sobre cómo pasar a la acción es un juego peligroso, porque cualquier consejo de ese tipo podría acabar siendo utilizado como excusa para leer otro libro más sobre pasar a la acción, en lugar de hacerlo. Dicho eso, entre las obras sobre esta cuestión que me han ayudado de verdad a pasar a la acción en mi propia vida están *Time Warrior*, de Steve Chandler, y *The Art of Taking Action: Lessons from Japanese Psychology*, de Gregg Krech. Muchos de los principios de la productividad desde la perspectiva de la mortalidad forman parte del sistema de gestión del tiempo conocido como Kanban, que se describe de forma lúcida en *Personal Kanban: Mapping Work/Navigating Life*, de Jim Benson y Tonianne DeMaria; en parte, es lo mismo que aconseja Cal Newport al sugerir que dividas tus proyectos entre «activos» y «a la espera de estar activos», que es una de las maravillas de su libro *Slow Productivity: The Lost Art of Accomplishment Without Burnout*. Zen y gestión del tiempo confluyen en *Time Surfing: The Zen Approach to Keeping Time on Your Side*, de Paul Looman, que contiene una notable cantidad de sabiduría para un libro tan breve; y cualquiera que se sienta paralizado por la ansiedad ante un proyecto que le supera debería leer el ensayo de Virginia Valian «Learning to Work», disponible en su página web, virginiavalian.org. *Descansa. Produce más trabajando menos*, de Alex Soojung-Kim Pang, cumple lo que su subtítulo promete, y debería convencerte de que no es necesaria una inversión de tiempo sobrehumana para lograr un rendimiento espectacular. Para averiguar lo que deberías estar haciendo con tu tiempo —y para encontrar consuelo y claridad en periodos de confusión o desesperación— recomiendo de todas todas la obra de James Hollis. El primero que leí fue *La otra mitad del camino: Dar sentido a la segunda parte de la vida*.

Semana III: Soltar

Sobre el arte de dejar que la vida ocurra, el libro de todos los libros es, por supuesto, el *Tao Te Ching*, de Lao-Tse, o más probablemente, en realidad, una serie de venerables autores a los que ahora nos referimos colectivamente como Lao-Tse, «el viejo maestro». Es muy accesible (igual que la vida, diría Lao-Tse, y de eso se trata). Pero la filosofía taoísta de la «acción sin esfuerzo», lo diametralmente opuesto a gran parte de los consejos sobre la vida contemporánea, se explora también en tres libros más modernos y en cierto modo menos poéticos: *Effortless Living: Wu-Wei and the Spontaneous State of Natural Harmony*, de Jason Gregory; *Trying Not to Try: The Art and Science of Spontaneity*, de Edward Slingerland, y *El camino del Tao*, de Alan Watts. El debate de Iddo Landau sobre la «regla de oro inversa» y la crueldad suplementaria que reservamos para cuando nos hablamos a nosotros mismos procede de su libro *Finding Meaning in an Imperfect World*, que es un pozo sin fondo de reflexiones sobre cómo darle sentido a la vida sea cual sea la situación en la que nos encontremos. Las mejores palabras prácticas recientes sobre la autoaceptación como camino para lograr cosas buenas están en *Libera tu magia: Una vida creativa más allá del miedo*, de Elizabeth Gilbert. Tanto *Resonancia* como *Lo indisponible*, de Hartmut Rosa, fueron esenciales para mí a la hora de escribir este libro, y creo que su análisis de lo que hace la vida moderna tan extrañamente poco satisfactoria para tanta gente merece tu atención. El libro de Stephen Lloyd Webber *Deep Freewriting: How to Masterfully Navigate the Creative Flow*, da buena idea de los profundos beneficios psicológicos de la práctica que describe. Algún día probaré el maratón de veinticuatro horas de escritura libre que recomienda.

Semana IV: Estar presente

La idea de que la mortalidad humana hace que, a fin de cuentas, sea absurdo vivir solo a beneficio de nuestro yo del futuro se explica claramente en el libro de Dean Rickles *Life is Short: An Appropriately Brief Guide to Making It More Mean-*

ingful. Y Sheryl Paul explora una perspectiva complementaria —lo que nuestra ansiedad tiene que enseñarnos sobre vivir con más plenitud el presente— en *The Wisdom of Anxiety: How Worry and Intrusive Thoughts Are Gifts to Help You Heal.* El libro *Vida contemplativa: Elogio de la inactividad*, de Byung-Chul Han, detalla la naturaleza frenética y evitativa de mucho de lo que pasa por productividad, mientras que *Fully Alive: Tending to the Soul in Turbulent Times*, de Elizabeth Oldfield, es una obra sorprendentemente sensata y muy cómplice sobre lo que conlleva una vida más plena. Una vez más, para mí, la tradición zen ha demostrado ser indispensable a la hora de sentir de verdad lo que supone estar más presente en la realidad; mencionaré aquí ante todo *Opening the Hand of Thought: Foundations of Zen Buddhist Practice*, de Kōshō Uchiyama; *Being-Time: A Practitioner's Guide to Dogen's Shobogenzo Uji*, de Shinshu Roberts, y las obras de John Tarrant, principalmente *El rinoceronte zen y otros koans que te salvarán la vida.* Está también *Low Anthropology: The Unlikely Key to a Gracious View of Others (and Yourself)*, de David Zahl, una guía liberadora para convivir con una mayor tolerancia y teniendo nuestra mortalidad presente. Hay sin duda infinidad de otros libros que merecen mucho la pena sobre todos estos temas. Ojalá hubiera tiempo de leerlos todos.

Fuentes

BENJAMIN, Walter, *Infancia en Berlín hacia 1900*, traducción de Klaus Wagner, Alfaguara, Madrid, 1982.

BORGES, Jorge Luis, *Artificios*, Alianza, Madrid, 1996.

BUTLER, Samuel, «Speech at the Somerville Club», 27 de febrero de 1895, en *Essays on Life, Art and Science*, Grant Richards, Londres, 1904.

CARTER, Mary Randolph, *A Perfectly Kept House is the Sign of a Misspent Life*, Rizzoli International Publications, Nueva York, 2010.

CIORAN, Emil, *Silogismos de la amargura*, traducción de Rafael Panizo, Tusquets, Barcelona, 1990.

COPE, Stephen, *The Great Work of Your Life*, Bantam, Nueva York, 2012.

CUMMINGS, Whitney, declaraciones en el pódcast *The Tim Ferriss Show*, episodio 84. Reproducido con permiso de Tim Ferriss.

CURIE, Ève, *La vida heroica de María Curie, descubridora del radio*, traducción de Francisco Madrid, Espasa, Barcelona, 1973.

DE MELLO, Anthony, *One Minute Wisdom*, Doubleday, Nueva York, 1985.

Dillard, Annie, *The Writing Life*, Harper Perennial, 1998. Versión en castellano de Miguel Martínez-Lage, *Vivir, escribir*, Ediciones y Talleres de Escritura Creativa Fuentetaja, Madrid, 2002.

Eco, Umberto, *Cómo viajar con un salmón*, traducción de Helena Lozano Miralles, Lumen, Barcelona, 2020.

Frost, Robert, «The Road Not Taken», *Atlantic Monthly*, agosto de 1915. Versión castellana de Andrés Catalán, «El camino no elegido», en *Poesía completa*, Ediciones Linteo, Ourense, 2017.

Gendlin, Eugene, *Focusing*, Everest House, Nueva York, 1978. Versión castellana de Josefina Martínez Gastoy, *Focusing*, Mensajero, Bilbao, 2024.

Hegel, Georg, *Ciencia de la lógica*, traducción de Félix Duque, Abada, Madrid, 2011.

Hollis, James, *What Matters Most: Living a More Considered Life*, Gotham Books, Nueva York, 2009.

Horacio, *Epodos. Odas*, traducción de Vicente Cristóbal López, Alianza, Madrid, 2018.

James, William, *The Principles of Psychology*, Henry Holt, Nueva York, 1890. Versión castellana de Agustín Bárcena, *Principios de psicología*, Fondo de Cultura Económica, México D.F., 1989.

Jung, Carl Gustav, *Modern Man in Search of a Soul*, Kegan Paul, Trench, Trübner & Co, Londres, 1933.

Kopp, Sheldon, *If You Meet the Buddha on the Road, Kill Him!: The Pilgrimage of Psychotherapy Patients*, Bantam, Nueva York, 1982.

Lewis, C. S., *The Collected Letters of C. S. Lewis*, vol. II, Harper San Francisco, San Francisco, 2004.

Macy, Joanna, «Schooling Our Intention», en *Trycicle*, invierno de 1993.

MANGUSO, Sarah, *300 Arguments*, Graywolf, Mineápolis, 2017.

MARCO AURELIO, *Meditaciones*, traducción de Ramón Bach Pellicer, Biblioteca Gredos, Barcelona, 1977.

MARTIN, Agnes, charla pronunciada el 14 de febrero de 1973 con motivo de la exposición «Agnes Martin» en el Instituto de Arte Contemporáneo de la Universidad de Pensilvania, del 22 de enero a 1 de marzo de 1973.

MELLICK, Jill y Marion Woodman, *Coming Home to Myself: Daily Reflections for a Woman's Body and Soul*, Conari Press, Nashville, 1998.

PATCHETT, Ann, *What Now?*, Harper Collins, Nueva York, 2008.

PHILLIPS, Adam, «Against Self-Criticism», *London Review of Books*, vol. 37, n.º 5, 5 de marzo de 2015.

SAN BENITO, *La regla de san Benito*, traducción de Iñaki Aranguren, Biblioteca de Autores Cristianos, Madrid, 2017.

SMITH, Adam, *An Inquiry into the Nature and Causes of the Wealth of Nations*, W. Strahan and T. Cadell, Londres, 1776. Versión española de Carlos Rodríguez Braun, *Una investigación sobre la naturaleza y causas de la riqueza de las naciones*, Tecnos, Madrid, 2009.

SPITZER, Toba, «Two Pockets», Erev Rosh Hashaná.

TARRANT, John, *Bring Me the Rhinoceros: And Other Zen Koans That Will Save Your Life*, Shambhala, Boulder, 2008. Versión castellana de Alfonso Indecona, *El rinoceronte zen y otros koans que te salvarán la vida*, Ediciones Koan, Badalona, 2018.

UCHIYAMA, Kōshō, *Abrir la mano del pensamiento: Fundamentos de la práctica del budismo zen*, traducción de Iván Alberto Quintero Quiroga, Editorial Kairós, 2009.

Von Franz, Marie-Louise, *El puer aeternus*, traducción de Isabel Núñez, Kairós, Barcelona, 2006.

Woolf, Leonard, *Beginning Again: An Autobiography of the Years 1911 to 1918*, Harcourt Brace Jovanovich, San Diego, 1975.

Índice de aflicciones

Puedes consultar esta lista alfabética de problemas habituales para localizar los capítulos especialmente relevantes para cada uno de ellos.

Ansiedad

Contra la deuda de productividad: Sobre el poder de una «lista de cosas hechas»

Deja el futuro en el futuro: Sobre cruzar puentes al llegar a ellos

Deja que los demás tengan sus problemas: Sobre ocuparte de tus asuntos

Arrepentimiento

A la caza de decisiones: Sobre elegir un camino a través del bosque

Un buen rato o una buena historia: Sobre las ventajas de lo impredecible

No se puede hacer acopio de la vida: Sobre dejar que los momentos ocurran

Asuntos pendientes

Acabar las cosas: Sobre la magia de terminar algo

Tú ve al cobertizo: Sobre llevarte bien con tus miedos

Autocrítica

Contra la deuda de productividad: Sobre el poder de una «lista de cosas hechas»

La regla de oro inversa: Sobre no ser tu propio peor enemigo

Deja de ser tan atento con tu yo del futuro: Sobre entrar de lleno en el espacio y el tiempo

Bloqueo de escritor

Es peor de lo que crees: Sobre lo liberador de la derrota

Tres horas: Sobre cómo centrarse en medio del caos

Fíjate un objetivo cuantitativo: Sobre despedir al responsable de control de calidad que llevas dentro

Culpa

Solo tienes que atenerte a las consecuencias: Sobre pagar el precio

Contra la deuda de productividad: Sobre el poder de una «lista de cosas hechas»

La regla de oro inversa: Sobre no ser tu propio peor enemigo

No le pongas trabas a la generosidad: Sobre la futilidad de «ser mejor persona»

Dejar las cosas para más adelante

Kayaks y superyates: Sobre ponerse a hacer cosas

Deja de ser tan atento con tu yo del futuro: Sobre entrar de lleno en el espacio y el tiempo

Cómo partir de la cordura: Sobre pagarse a uno mismo primero

Desánimo general
Es peor de lo que crees: Sobre lo liberador de la derrota
Busca la tarea vital: Sobre lo que la realidad quiere
Desánimo por la situación del mundo
No puedes preocuparte por todo: Sobre conservar la cordura cuando el mundo se desmorona
Desconexión
Deja de ser tan atento con tu yo del futuro: Sobre entrar de lleno en el espacio y el tiempo
No se puede hacer acopio de la vida: Sobre dejar que los momentos ocurran
Desempoderamiento
Solo tienes que atenerte a las consecuencias: Sobre pagar el precio
No puedes preocuparte por todo: Sobre conservar la cordura cuando el mundo se desmorona
¿Y si esto fuera fácil? Sobre el falso atractivo del esfuerzo
Desmotivación
A la caza de decisiones: Sobre elegir un camino a través del bosque
¿Y si esto fuera fácil? Sobre el falso atractivo del esfuerzo
C'est fait par du monde: Sobre intentarlo
Distracción
Demasiada información: Sobre el arte de leer y no leer
Tres horas: Sobre cómo centrarse en medio del caos
Porque, ¿qué es una interrupción?: Sobre la importancia de la distracción

Evitación
Kayaks y superyates: Sobre ponerse a hacer cosas
Tú ve al cobertizo: Sobre llevarte bien con tus miedos

Falta de dirección
Busca la tarea vital: Sobre lo que la realidad quiere
Lo que importa: Sobre encontrar tu camino
Falta de energía
Un buen rato o una buena historia: Sobre las ventajas de lo impredecible
Deja de ser tan atento con tu yo del futuro: Sobre entrar de lleno en el espacio y el tiempo
No se puede hacer acopio de la vida: Sobre dejar que los momentos ocurran
Falta de productividad
Contra la deuda de productividad: Sobre el poder de una «lista de cosas hechas»
A la caza de decisiones: Sobre elegir un camino a través del bosque
Reglas al servicio de la vida: Sobre hacer algo más o menos a diario
Tres horas: Sobre cómo centrarse en medio del caos
Falta de sentido
Busca la tarea vital: Sobre lo que la realidad quiere
Inconcebible: Sobre el consuelo de la duda
Lo que importa: Sobre encontrar tu camino

Hiperactividad
Es peor de lo que crees: Sobre lo liberador de la derrota
Contra la deuda de productividad: Sobre el poder de una «lista de cosas hechas»
Demasiada información: Sobre el arte de leer y no leer
Cómo partir de la cordura: Sobre pagarse a uno mismo primero

Impotencia véase **Desempoderamiento**
Inconsistencia
Reglas al servicio de la vida: Sobre hacer algo más o menos a diario
Indecisión
Solo tienes que atenerte a las consecuencias: Sobre pagar el precio
A la caza de decisiones: Sobre elegir un camino a través del bosque
Busca la tarea vital: Sobre lo que la realidad quiere
Inseguridad
Contra la deuda de productividad: Sobre el poder de una «lista de cosas hechas»
Deja el futuro en el futuro: Sobre cruzar puentes al llegar a ellos
Interrupciones
Porque, ¿qué es una interrupción?: Sobre la importancia de la distracción
Ira
Encontrarle la gracia a los problemas: Sobre nunca lograr estar libre de preocupaciones
Porque, ¿qué es una interrupción?: Sobre la importancia de la distracción
Irritabilidad
Encontrarle la gracia a los problemas: Sobre nunca lograr estar libre de preocupaciones
Porque, ¿qué es una interrupción?: Sobre la importancia de la distracción

Mezquindad
No le pongas trabas a la generosidad: Sobre la futilidad de «ser mejor persona»
Miedo al futuro
No puedes preocuparte por todo: Sobre conservar la cordura cuando el mundo se desmorona
Deja el futuro en el futuro: Sobre cruzar puentes al llegar a ellos
Miedo a pasar a la acción
A la caza de decisiones: Sobre elegir un camino a través del bosque
Tú ve al cobertizo: Sobre llevarte bien con tus miedos
¿Y si esto fuera fácil? Sobre el falso atractivo del esfuerzo

Necesidad de control
Es peor de lo que crees: Sobre lo liberador de la derrota
Tres horas: Sobre cómo centrarse en medio del caos
Un buen rato o una buena historia: Sobre las ventajas de lo impredecible

Parálisis por análisis
Solo tienes que atenerte a las consecuencias: Sobre pagar el precio
A la caza de decisiones: Sobre elegir un camino a través del bosque
Fíjate un objetivo cuantitativo: Sobre despedir al responsable de control de calidad que llevas dentro
Perfeccionismo
Es peor de lo que crees: Sobre lo liberador de la derrota
Kayaks y superyates: Sobre ponerse a hacer cosas

Reglas al servicio de la vida: Sobre hacer algo más o menos a diario
La regla de oro inversa: Sobre no ser tu propio peor enemigo
Fíjate un objetivo cuantitativo: Sobre despedir al responsable de control de calidad que llevas dentro

Pesimismo
Es peor de lo que crees: Sobre lo liberador de la derrota
No puedes preocuparte por todo: Sobre conservar la cordura cuando el mundo se desmorona
C'est fait par du monde: Sobre intentarlo

Precipitación véase **Prisa**

Preocupación por el futuro véase **Miedo al futuro**

Preocupación por las opiniones de los demás
Solo tienes que atenerte a las consecuencias: Sobre pagar el precio
Deja que los demás tengan sus problemas: Sobre ocuparte de tus asuntos
Hospitalidad descuidada: Sobre establecer vínculos por medio de los defectos

Prisa
Contra la deuda de productividad: Sobre el poder de una «lista de cosas hechas»
Deja el futuro en el futuro: Sobre cruzar puentes al llegar a ellos
Cómo partir de la cordura: Sobre pagarse a uno mismo primero

Problemas en general
Solo tienes que atenerte a las consecuencias: Sobre pagar el precio
Tú ve al cobertizo: Sobre llevarte bien con tus miedos

Encontrarle la gracia a los problemas: Sobre nunca lograr estar libre de preocupaciones
Problemas interpersonales
Es peor de lo que crees: Sobre lo liberador de la derrota
Solo tienes que atenerte a las consecuencias: Sobre pagar el precio
Deja que los demás tengan sus problemas: Sobre ocuparte de tus asuntos
Procrastinación
Kayaks y superyates: Sobre ponerse a hacer cosas
A la caza de decisiones: Sobre elegir un camino a través del bosque
Tú ve al cobertizo: Sobre llevarte bien con tus miedos

Sentirse intimidado
Solo tienes que atenerte a las consecuencias: Sobre pagar el precio
No puedes preocuparte por todo: Sobre conservar la cordura cuando el mundo se desmorona
Tú ve al cobertizo: Sobre llevarte bien con tus miedos
¿Y si esto fuera fácil? Sobre el falso atractivo del esfuerzo
Sentirse sobrepasado por la cantidad de tareas, véase **Hiperactividad**
Sentirse sobrepasado por la dificultad de lo que te espera, véase **Sentirse intimidado**
Síndrome del impostor
Es peor de lo que crees: Sobre lo liberador de la derrota
La regla de oro inversa: Sobre no ser tu propio peor enemigo
Hospitalidad descuidada: Sobre establecer vínculos por medio de los defectos

Sobrecarga informativa
Demasiada información: Sobre el arte de leer y no leer
Soledad
Porque, ¿qué es una interrupción?: Sobre la importancia de la distracción
Hospitalidad descuidada: Sobre establecer vínculos por medio de los defectos

Timidez
C'est fait par du monde: Sobre intentarlo
Tristeza en general
No puedes preocuparte por todo: Sobre conservar la cordura cuando el mundo se desmorona
La regla de oro inversa: Sobre no ser tu propio peor enemigo
Tristeza por la fugacidad de la vida
No se puede hacer acopio de la vida: Sobre dejar que los momentos ocurran
Lo que importa: Sobre encontrar tu camino

Puedes suscribirte al boletín electrónico de Oliver Burkeman, *The Imperfectionist*, en oliverburkeman.com.